林语堂的说话之道

THE COMMUNICATION SECRETS OF LIN YUTANG

林语堂 著

北京联合出版公司
Beijing United Publishing Co.,Ltd.

图书在版编目（CIP）数据

林语堂的说话之道 / 林语堂著 . —北京：北京联合
出版公司，2013.11（2023.6 重印）
ISBN 978-7-5502-2041-6

Ⅰ.①林… Ⅱ.①林… Ⅲ.①语言艺术 ②演讲学
Ⅳ.① H019

中国版本图书馆 CIP 数据核字 (2013) 第 239848 号

林语堂的说话之道

作　　者：林语堂
出 品 人：赵红仕
责任编辑：李　征
封面设计：王　鑫

北京联合出版公司出版
（北京市西城区德外大街83号楼9层 100088）
北京新华先锋出版科技有限公司发行
三河市宏达印刷有限公司印刷　新华书店经销
字数154千字　620毫米×889毫米　1/16　14印张
2014年1月第1版　2023年6月第3次印刷
ISBN 978-7-5502-2041-6
定价：49.00元

林语堂的
说话
之道

目录

代　序

第一编　怎样说话

第一章　说话是一件难事 / 002

第二章　给人家一个好印象 / 013

第三章　同意人家的主张 / 034

第四章　要有自己的立场 / 048

第五章　要开发别人的话机 / 062

第六章　怎样和人家辩难 / 070

第七章　怎样说规劝人家的话 / 087

第二编　怎样演讲

第一章　勇气与自信力的培养 / 108

第二章　如何做好演讲的准备 / 116

第三章　如何吸引听众的注意 / 139

第四章　演讲的内容 / 155

第五章　演讲的姿势 / 177

第六章　演讲的开头和结尾 / 200

说　话

朱自清

　　谁能不说话，除了哑子？有人这个时候说，那个时候不说；有人这个地方说，那个地方不说；有人与这些人说，不与那些人说；有人多说，有人少说；有人爱说，有人不爱说；哑子虽然不说，却也有那咿咿呀呀的声音，指指点点的手势。

　　说话并不是一件容易事。天天说话，不见得就会说话；许多人说了一辈子话，没有说好过几句话。所谓"辩士的舌锋""三寸不烂之舌"等赞词，正是物以稀为贵的证据；文人们讲究"吐属"，也是同样的道理。我们并不想做辩士、说客、文人；但人生不外言动，除了动就只有言，所谓人情世故，一半儿是在说话里。《尚书》里说："唯口出好兴戎。"一句话的影响，有时是你料不到的，历史和小说上有的是例子。

说话即使不比作文难，也决不比作文容易。有些人会说话不会作文，但也有些人会作文不会说话。说话像行云流水，不能够一个字、一个字地推敲，因而不免有疏漏散漫的地方，不如作文的谨严。但那行云流水般的自然，却决非一般文章所及。文章有能到这样境界的，简直当以说话论，不再是文章了。但这是怎样一个不易达到的境界！我们的文章哲学里虽有"用笔如舌"这一个标准，古今有几个人真能"用笔如舌"呢？不过文章不甚自然，还可成为功力一派，说话是不行的；说话若也有功力派，你想，那怕真够瞧的！

　　说话到底有多少种，我说不上。约略分为：向大家演说、讲解，乃至说书等是一种；会议是一种；公私谈判是一种；法庭受审是一种；向新闻记者谈话是一种，这些都可称为正式的。朋友们的闲谈也是一种，可称为非正式的。正式的并不一定全要拉长了面孔，但拉长了的时候多。这种话都是成片段的，有时竟是先期准备好的。只有闲谈，可以上下古今，来一个杂拌儿；说是杂拌儿，自然零零碎碎，成片段的是例外。闲谈说不上准备，满是将话搭话，随机应变，说准备好了再去闲谈，那岂不是个大笑话？这种种说话，大约都有一些公式，就是闲谈也有——"天气"当是闲谈的发端，便是一例。但公式是死的，不够用的，神而明之，还在乎人。会说的教你眉飞色舞，不会说的教你昏头奉脑；即使是同一个意思，甚至同一句话。

　　我国人很早就讲究说话。《左传》《国策》《世说》是我们的三部说话的经典。一是外交辞令，一是纵横家言，一是清谈。你看他们的话多么婉转如意，句句字字打进人心坎里；还有一部《红楼梦》，里面的对话也极轻松、漂亮；此外汉代贾君房号为"语妙天下"，可惜留给我们的只有这一句赞词；明代柳敬亭的说书极有大名，可惜我们也无从领略；近年来的新文学，将白话文欧化，从外国文学中借用了许多活泼的、精细的表现，同时暗示我们将旧来有些表现重新咬嚼一番。这却给我们的语言一种新风味、新力量。这时期说话的艺术确有了相当的进步。论说话艺术的文字，从前著名的似乎只有韩非的《说难》，那是一篇剖析入微的文字。现在我们却已有了三篇俞平伯君的《文训》、鲁迅君的《立论》，都是精警之作。这足够证明我所说的相当的进步了。

我国人对于说话的态度，最高的是忘言，但如禅宗"教"人"将嘴挂在墙上"，也还免不了说话。其次是慎言、寡言、讷于言。这三样又有分别：慎言是小心说话，小心说话自然就少说话，少说话少出错儿；寡言是说话少，是一种深沉或贞静的性格或品德；讷于言是说不出话，是一种浑厚诚实的性格或品德。这两种多半是生成的。第三是修辞或辞令。至诚的君子，人格的力量照彻一切的阴暗；他用不着多说话，说话也无须修饰。只知讲究修饰，嘴边天花乱坠，腹中矛盾森然，那是所谓小人；他太会修饰了，倒让人不信了。他的戏法总有让人揭穿的一日。我们是介在两者之间的平凡的人；没有那伟大的魄力，可也不至于忘掉了自己。只是不能无视世故人情，我们看时候，看地方，看人在礼貌与趣味两个条件之下，修饰我们的说话。这儿没有力，只有机智；真正的力不是修饰可得的。

现在有人提倡"农工大众用语"；因为不熟悉，恕不说什么了。新时代的人物，自有去研究的或者竟认为无须研究，也未可知。反正我是只会说我们自己的：

要说得巧，要说得少；

"言多必失"，"语多必败"。

林语堂的

说话
之道

怎样
壹
说话

第一章 说话是一件难事

一 天天说话不见得就会说话

　　一个人生了嘴巴，话是不能不说的。就以哑巴而论，他虽然不会说话，然而他还是要发出咿咿呀呀的声音，并且做着指指点点的手势，用以表达他的感情和意见。

　　人是不能不说话的，但是，有的人说起话来，娓娓动听，使人听了全身的筋骨都感觉到舒服；有的人说起话来，锋芒锐利，像是一柄利刃，令人感觉到十分恐惧；有的人说起话来，一开口就使人感觉到讨厌。所以人的面貌各个不同，而人的说话，获得的效果，也正像面貌的各个不同一样。

　　说话是一件不容易的事。我们天天都在说话，并且不见得我们是会说话的。我们说了一辈子的话，试问有几句话是说得特别好的？我们对人家说话，是不是每一句都能使人家心服？我们对人家办交涉，是不是自己能够完全占得了胜利？"辩士的舌锋""三寸不烂之舌"这种赞词，完全是对于说话的人的称赞。然而，我们的说话，是不是句句都能获得这种称誉？照这样看来，就可以知道我们的说话，的确不是一件容易的事情了。

虽然说，我们并不想去做辩士和说客，我们并不需要犀利的舌锋；但是，我们要知道，人的一生，不外是言语和动作。我们除了动作之外，就是言语。我们不能终身不说话，一切的人情世故，一大半是在说话当中。

我们的话说得好，小则可以欢乐，大则可以兴国；我们的话说得不好，小则可以招怨，大则可以丧身。所以，古人说的"一言可以兴邦，一言可以丧邦"，这话真是不错的。我们虽然手里并不执着国柄，所以我们的说话，不会去负着"兴邦"或是"丧邦"的责任；可是，我们也不能不顾到"欢乐"或是"招怨"方面，不能不顾到把事情"办成"或是"办毁"方面。我们要顾到这一点，那已是不容易的了。

二　说话不见得比写文章容易

大家以为说话是容易的，做起文章来，那才不容易呢。这一句话，在我看来是不大对的。因为，一般人的见解，以为说话是个人要说的，不管大人或是小孩，不管文明人或是粗野人，因为时时刻刻都要说话，所以说话是不觉得困难的。至于写文章那就不然，不是张三、李四每一个人都能行的，因此就觉得说话容易而写文章困难了。其实，说话未必比写文章容易，因为写文章是写了可以修改的，一句话说了出来而要加以修改，那是比较困难的。写文章写了几句，可以搁下笔构思，你去想了几分钟、几小时甚至几天都不要紧的，而对人说话，那就不能如此。所以说话不见得比写文章容易。

文章写不来，就得研究、学习；说话和写文章是一样的，所以我们也得研究、学习。有的人写起文章来很好，可是要他向人家说话，那就吞吞吐吐，像是有口吃病的；这也正像有的人说起话来滔滔如流水而不会写文章一样的。写文章可以写得如流水行云般的顺适，也可以写得"佶屈聱牙"的读不上口，然而这终是文章；因为文章有古文和白话文的分别，还有读起来叮叮当当、声调十分好听的韵文以及写情达意的散文。可是，不论古文和白话文，不论韵文和散文，不管哪一种文体，总是文章；而说话就不行，说话一定要用现代的口语。

如果我们现代的说话，夹上"伙颐""沉沉者"，或者是"兀的不人么也哥"这样的古人的话，那就不行了。所以在文章里用一些古奥的东西，或是写得不大自然，还是不太要紧的，还是可以成为功力派的，说话如果也有了功力派，你瞧，那还成为什么样子！

三　拉长了面孔不好，可是嬉皮笑脸也不行

说话有正经的和随便的两种，所谓正经的，大都是拉长了面孔说话的；所谓随便的，大都是带些嬉皮笑脸的态度来说话。比方，牧师的说教、法庭的审判、会议的发表意见，这都要求十分庄重严

肃，拉长了面孔说话。这种拉长了面孔说话，有时是可以先期准备好了的。至于和朋友的谈天，上下古今，东西南北，大至宇宙，小及蚂蚁，可以零零碎碎，也可以成为整个的，这种带些嬉皮笑脸的态度，那是不能先行准备的，完全是将话搭话，随机应变。

正经的说话，当然是拉长了面孔说的时候居多数；然而也并不一定完全要拉长了面孔。因为拉长了面孔，使得听者严肃而拘谨起来，在听者是一件感到不大舒服的事情。如果完全嬉皮笑脸，那又失之庄严，人家也就要不当一回事了。所以，在说话的时候，能够在庄严之中带些轻松的话，能使有时在十分的拘束之中，也可以自由随便地透一口气，这是最要紧的。

可是在庄严的态度之中，到了怎样的地步便得插进些轻松的话呢？这倒并没有什么一定的公式，全在说话的人自己去神而明之。同一个意思，同一句话，会说话的人说起来，听者眉飞色舞，全身的筋骨都感到了舒服；不会说话的人说起来，听者就要头昏脑涨了。

四　自己要乖巧

说话是一件不容易的事。做文章容易闯下大祸来，像元明清三朝的文字狱，使得后世的读史者，把舌头伸出口外而缩不进去。可是，说话也是很容易闯下大祸的，所以俗语说"祸从口出"。你如果说话不当心，招人之忌，这事也是在所难免的。所以，我们不要以为会写文章的人易于闯下大祸来，就是不会写文章的人，也会因说话不慎而闯下大祸来的。

"金人三缄其口"，意思就是告诉大家说话要当心。可是，我们缄口不言，事实上也是做不到的，那我们说话的时候，唯有十分的当心了；换句话说，就是我们说话的时候，要自己乖巧而已。怎样说话才算是乖巧呢？这话是不容易回答的。不过，我们把说话的技巧严加训练，使说话不要专门从正面去表现，可以从侧面、反面或是夹缝里去表现，这便是一种说话的技巧。例如：

楚庄王之时，有所爱马，衣以文绣，置之华屋之下，席以露床，啖以枣脯，马病肥死，使群臣丧之，欲以棺椁大夫礼葬之，左右争之，以为不可。王下令曰："有敢以马谏者，罪至死。"优孟闻之，入殿门，仰天大哭。王惊而问其故。优孟曰："马者，王之所爱也。以楚国堂堂之大，何求不得，而以大夫礼葬之，薄，请以人君礼葬之。"王曰："何如？"对曰："臣请以雕玉为棺，文梓为椁，楩枫豫章为题凑，发甲卒为穿圹，老弱负土，齐、赵陪位于前，韩、魏翼卫其后，庙食太牢，奉以万户之邑。诸侯闻之，皆知大王贱人而贵马也。"王曰："寡人之过，一至此乎！为之奈何？"优孟曰："请为大王六畜葬之，以垅灶为椁，铜历为棺，赍以姜枣，荐以木兰，祭以粮稻，衣以火光，葬之于人腹肠。"于是王乃使以马属太官，无令天下久闻也。（《史记·滑稽列传》）

照上面的一段记载看来，楚庄王既下了命令，说是"有敢以马谏者，罪至死"。那么，以马谏的臣子，如果用正面的话去直谏，楚庄王不但不纳，而且谏者也徒然地牺牲了性命，这举动便不是智者所肯为的。而优孟用了反面的话来讽谏，终于达到了讽谏的目的，这便是一种乖巧说话的技巧。我们碰到说话发生困难的时候，这种技巧是十分用得到的。

不要说为了避免发生性命的关系而说话须乖巧，其实，我们和朋友们随便闲谈，有时也会因为某句话而引出了事端，小则唇枪舌剑，弄得两面不欢；大则彼此绝交，弄得结成仇恨，所以我们即使在随便的闲谈之中，乖巧也是不能不有的。

五　要张开了眼睛说话

我们在说话的时候，最要紧的是不可闭着眼睛瞎说。虽然在说话的时候，谁都没有把眼睛闭着，可是你虽然张开着眼睛，但如果没有把事理看得清楚，或是没有把说话对象的态度认清，环境认清，这说话仍旧是等于闭着眼睛一样。讲到做人的道理、处世的经验，最好我们是闭着眼睛，人家做好做歹完全不关我的事，俗话讲"风声雨声不吱声，度此一生；国事家事不问事，平安无事"，那我就不会惹出是非来了；可是说话则不然，你闭着眼睛，是非就在这里弄了出来。比方说像法官的判决案件，为什么要一审再审？为的是把这案件弄得清楚，然后判断下去可以没有冤狱，可以使两方都甘心承认。要是不把事理弄清楚，贸然地判决下去，这等于是闭着眼睛审官司，原告被告，不管是哪一方面胜利，都是不能甘心向你折服的。

就以我们普通的谈话而论，我国有一句老话，叫作"对得意人勿讲失意话"，这真是有经验的处世之谈。比方，有人走马上任，大家都是笑容可掬地在恭维，你混在中间，畅谈着一般污吏的下场和丑相，这不要说当局者难受而对你不高兴，就是周围的人，谁都要当你是精神病患者。客气些大家不睬你，不客气些会群起而攻之，你就做了众矢之的了。

现在，我再来引一则故事在下面：

姑苏才子唐伯虎，他很看不起住在他家对门的那户人家。因为那户人家并不是世代书香，而是在半途上发迹的缘故。他们家里有一位老母亲和五个儿子。

有一天，这五个儿子为母亲祝嘏。亲朋毕集，热闹非凡；只因不是书香人家，在这祝寿之中，少有文墨的点缀，未免是美中不足。这时候大家想起对门的唐伯虎是一位才子，如果能够有他在这里书赠一些什么，那一定可以增光不少。正在这样想的时候，唐伯虎居然备了一些薄礼，前来庆寿了。那户人家的主人，自然是十分的高兴，就是许多亲友，也是十分的高兴。

在席间，大家请他题诗了。唐伯虎毫不推却，立刻拿起笔来，第一句写的是"对门老妪不是人"。第二句尚未写下，主人亲朋，个个都对他怒目而视了；因为今天祝嘏，大家应该十分快乐，说着吉利话才对，现在请他题诗，他竟骂起人来，这怎么会不惹人愤怒呢？因为他是有名的吴门才子，所以大家只是怒目而视，不以非礼举动对他，准备看他第二句怎样骂法，然后再来发作。但是，唐伯虎一看周围的环境，知道骂人骂下去一定没有好结果，不能不使大家的情绪缓和一下，所以第二句接下来写了"西方王母转凡身"。这样一写，主人亲朋，个个面现笑容，觉得他真不愧是才子，把第一句骂人的话，也变成为不是骂人的话了。可是唐伯虎是善于作弄人家的，他感觉到周围的人都在啧啧称赞的时候，所以第三句的诗题为"生养五子俱做贼"。这可不对了，又使大家的情绪紧张起来了。因为大家觉得他先前骂人家的母亲，现在再骂到人家的儿子，把一家人都骂到了，这一腔的怒火，势必要爆发出来了。但是，大家还是暂时地忍耐着，看他末一句究竟怎样题。唐伯虎感觉到大家的怒火立刻就要爆发了，因此第四句题为"偷得蟠桃奉母亲"。这一来，又把大家的情绪缓和了下来，大家都觉得他真是一位才子，用着像一种骂人的口吻，写出了一首极好的祝嘏诗。

在上面的一段故事中，唐伯虎并不是真心来给他所看不起的老妪祝寿的，要骂一下那位寿婆，倒是他的真心。可是，他看了周围的环境，知道骂了人不会有好处，所以虽然脱口骂了出来，还是立刻改变口吻，使已经骂出的话也成为不是骂人的话，因为他是才子，所以能够有这样的灵敏的手腕。

再引鲁迅《立论》一文：

我梦见自己正在小学校的讲堂上准备作文，向老师请教立论的方法。

"难！"老师从眼镜圈外斜射出眼光来，看着我，说："我告诉你一件事——

"一家人生了一个男孩，合家高兴透顶了。满月的时候，抱出来给客人看——大概自然是想得到一点好兆头。

"一个说：'这孩子将来要发财的。'他于是得到一番感谢。

"一个说：'这孩子将来要做官的。'他于是收回几句恭维。

"一个说：'这孩子将来是要死的。'他于是得到一顿大家合力的痛打。

"说要死的必然，说富贵的许谎。但说谎的得好报，说必然的遭打。你……"

"我愿意既不说谎，也不遭打。那么，老师，我该怎么说呢？"

"那么，你得说：'啊呀！这孩子啊！您瞧！多么……哎哟！哈哈！Hehe！hehehehehe！'"

这两个例子可以看出，说话是不能闭了眼睛说的，要时时观察对方，认清环境。

六　了解说话的基本特点

由于说话往往是即兴的、随意的、脱口而出的，对话的双方都不能有更多的思考余地。因为交谈对象就在眼前，说话的人可以用手势、表情之类的东西，以帮助表情达意。说话作为交际之具，叫作"谈话体"，现代的时髦词叫"口才学"或"口语"，和"书面语"是不同的。说话要求句子短小，结构简单，修辞性附加语少，不讲究完整的规范；说话中零句多，整句少，连词、介词、动词常常省略；句式松散，停顿较多。如：

书面语：他买了一本缺一页的书。

谈话语：他买了一本书，缺一页。

A：推销员吗？

B：是的。

A：会说英语吗？

B：会。

A：什么时候来的香港？

B：二十年前。

说话是面对面的交际，话题可多变，表达要准确，可借用语调、轻重音、语气词及表情和姿态等表情达意。由于不同的交际需要，产生了不同的语体，即：说话——对话体、讨论——辩论体、演讲体。美国语言学家马丁·裘斯把美国英语分为五种口语语体：

1. 冻结体　　是最慎重、最高雅的言语变体，适用于重大的事件。

2. 正式体　　适用于一般较重要的场合和严肃的事情。

3. 商量体　　用于平凡的、日常的目的。

4. 随便体　　用于朋友之间无拘无束的交谈。

5. 亲昵体　　用于关系亲密的人的私下谈话。

　　在我国，将口语分成三种不同的语体：在亲朋之间使用的正常口语；在一般交际场合使用的正式口语；在特别隆重的场合使用的典雅口语。

第二章　给人家一个好印象

近代的大演说家戴尔·卡耐基说："最近，我在纽约参加过一个宴会，中间有一位少女，她在不久之前得到了一笔巨额的遗产，所以她就花了大量的金钱，把她自己从头到脚装饰得十分富丽。她为什么要这样做呢？无疑的，她是想使宴会中的宾客，每个人对她都有一个好印象。可是，不幸得很，她的衣饰是足够富丽了，但是，她的一副面孔，十分的深沉，好像是有着一股凌人的傲气，令人望了无论怎么也不会生出愉快的感情来。这是因为她只知道在自己的服饰上用功夫，而忘掉了女人最要紧的是面部的表情了。"

确实的，一个人有着一张笑脸，那是谁都欢迎的，如果老是一张哭丧脸，无论你的服饰怎么富丽，只有使人见到讨厌而已。这情形不单有关于女人，凡是男女老幼，都是一个样的。两个孩子，一个是天真烂漫，十分快乐的；一个愁眉蹙额，老是一副哭丧相，试问你喜欢哪一个孩子？我们说话，为了要给人家留下一个好的印象，面部的表情，是不能不加以注意的。

面部的表情，是给人留下一个好印象的外表的必要条件之一，除此之外，服装的整洁、举止的端庄，也是十分要紧的。如果一个衣冠不整的人，或是举止粗鲁的人，他的外表先给予人家一个不大好的印象了，无论他说着怎样重要的话，就算他是一个长于口才的人，然而，他的说话，听者不免要打一个折扣了。所以，一个人的外表，看来和说话无关，实际上是十分要紧的。

除了外表，说话的态度，更重于外表，这是不用说的。但是，说话的态度应该怎样？在这里，我们就得分别地来说一说。

一 语语中肯

"至诚足以感人"，这是我国的一句古语。是的，你如果所说的话是语语中肯，那怎么会遭到失败呢？做律师的人，他明明知道自己的当事人无理，然而在法庭上偏要强词夺理地滔滔雄辩，这种雄辩虽然可以使人称赞，然而未必一定能使人悦服，这是因为他的所说并不中肯的缘故。

下面是林肯在法庭上用了十分中肯的说话而得到胜讼的一则故事：

有一天，林肯的律师事务所中，来了一位蹒跚行走的年老寡妇，她是美国革命战争时期一位阵亡士兵的妻室。她向林肯泣诉，说是她应该领取的四百元的抚恤金，被那位发放抚恤金的官吏，用了苛索的手段而强索去两百元的手续费。这件事，林肯听了勃然大怒，因此，立刻为她向法庭对那位官吏提起诉讼。

在开庭的时候，林肯用愤怒的目光看着被告，他所说的话，差不多每个字都是十分的中肯；那种严正的态度、热烈的情感，几乎使他跳起来剥掉那位被告的皮。他的说话，总结起来是："时间一直向前迈进，1776年的英雄，已经成为过去的了，他们是被安置在另一个世界中了。但是，那位英雄，已经长眠地下，他的年老衰颓而且又盲又跛的遗孀，此刻来到我们的前面，请求替她申冤。在过去，她也是体态轻盈、声音曼妙的美丽少女，现在她是贫无所依了，她没有办法，只好来向享受革命先烈所争取到的自由的我们，请求给予同情的帮助和人道的保护。我现在所要问的，我们是不是应该援助她！"

当林肯这样一段中肯的话说完时，居然有人感慨地流下眼泪，大家一致认为那老妇人的抚恤金是分文不能少给的。

让我再举一段事实在下面：

有一位中学生，他很不用功，每次逢到作文老是不交卷。后来，教师把他逼紧了，说是再不交卷，国文科的分数只好没有；因为这是爱莫能助的。

自然，他为了要分数，课卷是不得不交了。然而所交，不过是敷衍塞责而已，当时教师就叫住他，说是课卷要他重新做。他推托没有工夫，而且也做不出。于是教师告诉他，求学问是为自己求的，不是为先生和家长求的。在现在生活费十分昂贵的时候，做家长的，拼命挣扎，尚且还不能谋得一家人的温饱，要他再拿出钱来使子女求学，他真是苦之又苦，仿佛一双马拉着一车笨重的货物向高冈走去，已经感觉到无法胜任了；但是，还要在车上加载货物，这怎么再能负担呢？无数的有为的子弟，为了家长没有能力负此重担而只好失学在家里，他们因为失学而感到无穷的痛苦。那么，已经获得了求学的机会，不再用功，这不但对不起自己的家长，而且走在路上，看到那些不幸而失学的人，也实在要惭愧得抬不起头来呢；再有，做先生的人，能够省力些岂不更好！如果学生的课卷一直不交，先生可以一直不用批改，这不是很省力的吗？然而，现在偏要你交课卷，已交了因为做得不好而还要你重做，这对先生是并没有好处的，因为先生要多看一次课卷，当然多一次的劳苦。然而这也无非为你自己的学问而已。你不要以为求学是一件苦事，或是学了也没有什么用，你要知道出了学校的门，走进社会去办事了，那时你会感到做学生的快乐，后悔当时不肯用功，以致腹中空空，做事时时要感到困难了。

这样诚恳地对他一说，那学生真的改变态度了，过去是一个不肯用功的人，后来成为一个十分用功的人了。

上面所举的例子，虽然一则是律师法庭的辩护，一则是教师对学生的训导，可是，我们无论在什么地方，必须说话要中肯，使听者对你诚挚的态度留下一个很好的印象，那你的说话，就会发生重大的效力。

假使一个工厂里的工人罢工了，厂方想用高压的手段压迫他们复工，这一定是要失败的。如果你用了诚恳的态度，向他们去开导，说明罢工的利和害，使工人自己明白罢工是不利于自己的，那他们自然会很高兴地复工了，比之用高压的手段，所得的效果不啻有千万倍呢！

1915年，科罗拉多州煤铁公司中的矿工，他们为了要求改善待遇，而发生了罢工；因为公司方面不善处置，这次罢工又演变成了流血的惨剧，两方面各走极端。这次罢工延续了有两年之久，是美国工业史上一次有名的大罢工，那时管理矿务的人，就是美国石油大王洛克菲勒的儿子。这位小洛克菲勒，最初为了用高压手段，请出军队来镇压，闹成了流血惨剧，反而使罢工的时间更延续下去，使他的财产，受到了更大的损失。后来，他改变方法，用了柔和的手段，把工潮的事情暂时置之不谈，特地去和工人为友，到各个工人的家中去慰问，使两方面的情感慢慢地转好起来。以后，他叫工人们组织代表团，以便和资方洽商和解。他看出了工人们已经对他稍稍释去了敌意了，于是，便对罢工运动的代表作了一个十分中肯的演说。这一次的演说，把两年来的罢工风潮竟完全解决了。

现在，我们且来看看他怎样说法：

在我的一生之中，今天要算是一个最值得纪念的日子。我觉得十分荣幸，因为我能够和诸位认识了，如果我们今天的聚会是在两个星期之前，那么，我站在这里就是一个陌生人了，因为我对于诸位的面孔认识的还只是极少数。我有机会到南煤区的各个帐篷里去看了一遍，和诸位代表都做了一次私人的谈话；我看过了诸位的家庭，会见了诸位的妻儿老幼，大家对我都十分的客气，殷勤地接待，完全把我看作自己人一般。所以，今天我们在这里相见，我们已经不是陌生人而是朋友了。现在，我们不妨本着相互的友谊，共同来讨论一下我们大家的利益，这是使人感到十分高兴的。参加这个会的，是厂方的职员和工人的代表，现在蒙诸位的厚爱，我才能在这里和诸位相见。诸位对我能够化除一切的宿嫌，彼此成了好友，这种伟大的友谊的精神，我是终身不会忘掉的。我们大家的事业和前途，从此更是展开了无限的光明。在我个人，今天虽然是代表了公司方面的董事会，可是，我并不站在诸位的对立地位，我觉得我们大家都是有着密切关系的。我们彼此有关的生活问题，现在我很愿意提出来和大家讨论一下，大家从长计议，获得一个双方兼顾的圆满的解决。因为，这是对大家有利的事……

小洛克菲勒本来是工人的对立面，他现在用了中肯的言语去和工人代表谈话，"人非木石，孰能无情？"结果，终于化干戈为玉帛了。

二　言必有信

孔子说："人而无信，不知其可也。"一个人的说话，第一要有信实。如果言而无信，便是给人家一个坏印象，从此以后，你的话不再能够取信于人了。商鞅替秦国变法，第一件工作，就是立木于南门，下令说凡是能运到北门的立赏千金。搬运一根小小的木头，而且又只是从南门到北门的短短距离，出此千金的赏格，未免大得让人不敢相信，谁都不肯做傻子来试一下。然而，后来竟有一个人做傻子而为之搬运了，商鞅为了表明他说到一定要做到的承诺，立刻拿出千金来赏了那人。他的这一举动，目的便是要取信于人，使人相信他的话是有信用的。

　　一个学校里的教员，对着一群顽皮的学生说，如果有谁不遵守教室的规则，他将要受到严厉的处罚。可是他虽然这样说了，他对于一位在上课时用纸团去掷别位同学的顽皮学生并不处罚；结果，他先前所说的话等于白说，即使以后仍旧三令五申地说着，学生再也没有一个会相信。他的课上，教室中可以乱得不成样子，这是可以断言的。另一位先生也曾训诫过不守校规的顽皮学生，他见到有不守校规的学生立刻拉出来责罚了。当然，在他上课的时候，谁都怕责罚而严守教室规则了。同一批学生，不过上课时的教员不同，为什么会发生不同的情形呢？不用说，一人是言而无信，所以他的话便无人肯信；一人是言而有信，谁都对他有了相信的原因。

　　一家商店前，挂着大幅的广告，说他们的货物比任何店家都要便宜。这一句话如果是真实的，以后谁都会相信他的货真的是价廉的；可是，如果他这一句话不过是一种骗人的广告，那么，谁也不会相信他了。奖券店家在柜台前写着巨大的"头奖在此"，或是"头奖尚在"，这种话就是傻子也不会去相信这是真实的。一家商店，一年三百六十五日，天天在门口贴满了"商店大拍卖"的广告，待到有一天商店真的要大拍卖了，恐怕也不会有人去相信他是真的大拍卖了。

一个人借了人家的钱，说到下月的五日一定归还，可是到了那时不能归还，因此再约缓期到十日；岂知十日到了还是不能归还，于是又约缓期到十五日；十五日仍不能归还，再约缓期到二十日。确实，二十日那天他倒真是可以还清的，但因前面的几次失信，他已经先给人家留下了不良的印象，所以这二十日的归还，也不会叫人相信了。即使二十日那天还清了，以后想要再借，人家一定要说他信用不好，不肯借给他了。反过来，一个人向人家借钱，讲明在什么时候归还，他到期毫不失信，人家对他先有了一个好印象，他以后再开口借钱，讲明何日偿还，自然会使人相信而借给他的。

一件事失信于人了，以后无论什么事都不能再取得人家的信任，因为这是先把一个坏印象给予人家了。

三　察言观色

在上一章里，我们已经讲过，说话要睁开眼睛，不可闭目瞎言。所谓"祸从口出"，这便是对闭目瞎言的一句教训。比方，有一位朋友，他平日的生活很是拮据，后来有一天忽然手头宽裕起来，于是大家就对他起了疑心，以为他是做了不名誉的事，赚了不义之财了。如果你只是有这种疑心，当然是不大要紧的，要是你宣之于口，不免要惹出是非来了。你要说人家的坏话，又没有真凭实据，这便是闭了眼睛瞎说。因为，闭了眼睛瞎说而闹出祸患来的例子，社会上多得很，所以这里也不再多说了。不过，说话的时候，虽然不是闭目瞎言，但是还得要察言观色，认清对象，这样就更好了。

和人家说话，对于对方的言辞和仪态，必须要明白地审视、观察，那才不会犯错误。对方讲的反话，你如果当是正面话，你就弄错了。例如你去买一件东西，人家索价要十元，你不知道近来物价的高涨，还以为和十年前差不多，所以就还价两元。那商人听了你这种不合市面的还价，心里不免大不高兴；如果他是和气的、有耐心的，便对你笑着摇摇头，或是不来睬你；要是性子躁一些的话，他也许会提高了嗓门说："好！卖给你！"实在，他在这里所说的"好"就是"不好"，"卖给你"就是"不卖给你"，完全是一种反话。你如果不把这句话细细品味一下，以为他真是卖给你了，所以你就摸出钱袋来，这就成为笑话了。

说话是有一种态度的，你必须要注意对方的说话态度。比方，他是道貌岸然，拉长了面孔在说话，你对他说话，也得这样，这才可以使他重视你。如果他拉长了面孔说话，你却轻佻地随便应答，这就使他对你产生了一个极坏的印象，你就不会被他重视了。反过来，如果对方的说话，态度并不严肃，你的对答，用了严肃的态度，这就叫人感到你是一个没有热情的冷酷的人物，人家将不敢对你接近了。所以，对于对方的说话，你必须审察他说话的态度以及说话的仪表，否则你将不会和他谈得投机的。

一个学生做错了事情，教师就得来干涉的，可是，教师的干涉，可以分成两种：一是训斥；一是劝导。训斥的态度，当然是严肃的；劝导的态度，则比较和善而易于接受了。如果做错了事的学生，他望见教师前来，听着教师的说话，不去察言观色，勃然起来反抗，这是不识好歹，势必被教师认为他性情暴戾，不是好学生了。

四　态度要温雅

"一滴蜜所能捉得的苍蝇，比一加仑毒汁所捉得的苍蝇还要多。"这是一句十分可靠的老话。对人说话，态度温和，这就等于是蜜；态度傲慢，或是语调中带有训斥，这就等于是毒汁。

1858年，林肯在竞选上议院议员的时候，他要到在当时称为半开化的伊利诺伊州南部的地方去演讲。林肯是主张解放奴隶的人，而伊利诺伊州南部的人民，思想正和林肯是相反的。他们的性情非常的暴戾，就是在公共的地方，也是带着尖刀和手枪的。他们痛恨反对奴隶制的人的态度，正和他们好斗酗酒的程度一样。他们听说林肯要来演说，和从肯塔基与密苏里两地渡河而来的畜养黑奴的那班恶霸们联合起来准备闹乱子。他们说，如果林肯要演说，立刻把他赶出当地，并且还要把他杀死。

这一种恫吓，林肯是已经知道了的。他知道在这地方演说是很危险的。我们想，林肯处在这么危险的境遇中，他只有取消了演说，悄然地离开那里，那才是上策。然而，林肯并不如此，他说："只要他们肯给我一个只说几句话的机会，我就可以把他们说服了。"他在开始演讲之前，亲自去会见对方的头目，并且和他们热烈地握手。然后，他用了十分温雅的态度，做了一篇妥善的演说。这篇演说是极有名的，现在不妨把开头的一段录在下面：

南伊利诺伊州的同乡们，肯塔基州的同乡们，密苏里州的同乡们，我听闻在场的人群之中，有些人要和我为难，我不知道他们为什么要那样做？我是一个和你们一样爽直的平民，那为什么不能和你们一样有着发表意见的权利呢？朋友们，我也是你们中的一个，我和你们共同携手，而不是来干涉你们的人。我生在肯塔基州，长在伊利诺伊州，是和你们一样在艰难困苦的环境中挣扎出来的。我认识南伊利诺伊州的人，我也认识肯塔基州的人，我还想认识密苏里州的人，因为我是你们中的一个，所以我是应该认识你们的，同时你们也应该认识我的。如果你们能够十分清楚地认识我，那么，你们就应该知道我是不做对你们不利的事情的。我既不做不利于你们的事情，那么，你们为什么要来做对我不利的事情呢？诸位同乡们，请不要做那样愚笨的事情，让我们来做朋友，让我们彼此来用朋友的态度互相对待。我是世上最谦虚、最平和的人中的一个，我不会去损害任何人的，而且也不会去干涉任何人的权利。我对你们没有什么奢望的要求，只是我有几句话要说，希望你们能够静心地听。你们是勇敢而豪爽的人，我相信我对你们的一点希望，你们是很能做到的。现在，让我们大家十分诚恳地共同来讨论我们的意见吧！

林肯说着上面的一段话的时候，态度十分的温雅而和善，讲话的声音，也十分的同情恳切，因此，他把一场将要发生的险恶的波涛，立刻变得风平浪静了。他们本来对他是仇视的，现在把仇视变成了友谊，而且对他的演说，还报以怒涛般的鼓掌称赞。后来，这些粗鲁的人，还成了林肯当选总统时最热烈支持的群众呢！

本来，我们说话，态度是应该谦和温雅的，如果我们把满腹的愤怒向人家发作了一回，虽然我们的怒气可以渐渐地消失，心里可以感受到舒畅，可是，你自己是舒畅了，但人家就对你屈服了吗？"满招损，谦受益"，这是我国的古训，说不定你会因此而受到了损失呢！

我们走进商店去买东西，店员的态度温雅和善，这是我们乐意的，也许我们因为他的态度而特别地多买一些东西；如果店员的态度暴戾非凡，这一个坏印象留在顾客的脑海里，我想这家商店，营业上一定要受到重大的打击吧！

我们对人说话的态度要温雅，可是，人家对我的态度并不温雅，那么办呢？威尔逊总统曾经说过："凡是交涉的问题，要是人家紧握了两个拳头走来，我会把拳头握得比他更紧一些。"这句话倒也是实情。"礼尚往来"，他用什么态度对待我，我自然也用什么态度来对待他。但是，我们要知道，这不过是造成两方面的敌意，对你不会有什么好处的。在上一章里，我们已经举过一个例子，就是优孟谏楚庄王葬马的一段故事。楚庄王怒气勃勃地说了"有敢以马谏者，罪至死"。如果优孟也怒气勃勃地说："你做了人君，对一匹爱马的尸体不惜劳民伤财，你真是一个罪该万死的昏君！"我们试想一下，优孟这样说了，他不就身首分离了吗？

在社会上，有着不少的人，因为人家对他说话的态度不好，所以也用不好的态度去对付，结果，弄成两方都仇视起来，甚至好友也变成冤家了。但也有不少的人，无论人家对他说话的态度好与不好，他都是用了温雅的态度来应付。到了后来，他还是得到了最后的胜利。比方在电车上，乘客很是拥挤，当你挤上车去的时候，不小心踩痛了人家的脚，这时候人家自然用了不好的态度来对你讲话，你如果因为他的态度不好，所以也怒目厉色地说不是有心要踩痛他，自己也是被挤得喘不过气而踩痛他。可是，你这样的态度，说大一些，就可以引起两方的口角；说小一些，对方虽然不响了，终觉得你这个人是不对的。反过来，如果你看他说话的态度不对，你就向他致歉并且问他踩痛得怎样，说不定他因为你温雅的态度，也把他的态度改了过来，会说一句"哦，还不要紧呢！"这是两条不同的道路，你想走哪一条呢？

五　说话要幽默

汉语中最早出现"幽默"一词，据考证是在《楚辞·九章·怀沙》中有"孔静幽默"的说法，是寂静无声的意思，与现在所说的"幽默"并无相同之处。"幽默"是英语 humour 的音译，本义为"潮湿"。直到 17 世纪才产生了近代美学意义上的"幽默"概念，意为：行为、谈吐、文章中以使人逗乐、发笑或消遣的特点；欣赏和表达这些特点的能力。

幽默的含义极为丰富，各个时代，各家各派，众说纷纭，它和一般的滑稽与讽刺同样俏皮有趣，却又有根本性的区别。第二次世界大战期间，英国首相丘吉尔来到华盛顿会见当时的美国总统罗斯福，要求美国与他们共同抗击德国法西斯，并给予英国物资援助。丘吉尔受到热情接待，被安排住进白宫。一天早晨，丘吉尔正躺在浴盆里，抽着他那特大号的雪茄烟。门开了，进来的正是罗斯福。丘吉尔大腹便便，肚皮露出水面……这两个首脑人物此刻相见，委实尴尬。丘吉尔灵机一动，把烟头一扔，说："总统先生，我这个英国首相在您面前，可真是开诚布公，一点隐瞒也没有。"说完后，两个人哈哈大笑起来。随后，双方的会谈获得成功，或许丘吉尔的幽默不无作用吧！他说"一点隐瞒也没有"，不仅是为了调侃打趣，缓解窘境，而且含有坦诚求助、彼此信任的含意，可见幽默的巨大作用。

幽默能使人发笑，但却是启人心智的笑，是智慧的闪现。幽默能表达说话者的思想感情和人生态度；能反映出说话者的温和与宽容；是说话者表情达意的一种巧妙技巧。

幽默中也包含着讽刺，但是总有一种含笑的启示和智慧的火花，并且要诙谐有趣。前苏联心理学家普拉图诺夫说："幽默在欢笑的背后隐藏着对事物的严肃态度，而讽刺却在严肃的形式背后隐藏着开玩笑。"

丈夫对妻子说："为什么上帝把女人造得那么美丽却又那么愚蠢呢？"

妻子回答说："这个道理很简单，把我们造得美丽，你们才会爱我们；把我们造得愚蠢，我们才会爱你们。"

美国第 16 届总统林肯的长相，使人无法恭维，他自己也不避讳这一点。有一次，道格拉斯与他辩论，指责他是两面派。林肯答道：

"现在，请听众来评评看，我如果还有另一副面孔的话，我会戴着现在的这副面孔吗？"结果引起听众大笑，在笑声中显出道格拉斯的荒谬。

幽默的特点是尖锐而不刻薄，俏皮而不直露，蕴藏着说话者温厚善良的气度和高超的语言艺术。幽默可分为三个层次：听了别人的话能笑，说明这个人是正常人；自己能讲笑话，让别人笑，说明此人有幽默感；能够自己拿自己开玩笑，此人有希望成为幽默大师，因为自嘲是幽默的最高品位。列宁指出："幽默是一种优美的、健康的品质。"

创造幽默最重要的因素是有限的语言，造成一种包含复杂感情、充满情趣而又耐人寻味的意境。可利用荒谬对比、设置悬念、反转突变、认同认识造成幽默意境。

请看下面两则幽默：

甲："抽烟不好，抽多了折寿。"

乙："不怕，我抽的是'寿星'牌。"

把作为商品商标名称的"寿星"与象征人长生不老的"寿星"混淆起来，使读者产生"理性倒错"，顿生幽默意境。

一次，有人问马克·吐温："演讲词是长篇大论好，还是短小精悍好？"马克·吐温没有从正面回答，而是讲了一个故事：

有个礼拜天，我到教堂去，适逢一位传教士在那里，用令人哀怜的语言讲述穷人苦难的生活，请求富人向穷人捐款，当他讲了五分钟后，我马上决定对这件有意义的事情捐助五十元；当他再讲五分钟时，我决定把捐助的数目减少二十五元；当他继续滔滔不绝地讲了半个小时后，我减到了五元；最后，他讲完一小时后，拿起钵子向听众哀求捐助，并从我面前走过的时候，我反而从钵里偷走了两元钱。

马克·吐温对幽默的技法混合交叉使用，既有"悬念"，又层层铺垫，"突变反转"，从捐助反而到"偷走了两元钱"，从量变到质变的过程完全出乎听者的意料，幽默境界得以构筑成功。

六　说话要委婉

人们在谈话中，有时因为环境、气氛、心理等因素，有些内容不便直接说出来，常用婉转的语言来表达；俗话说就是转着弯说，这样可以避免给对方造成不良刺激，破坏谈话的情绪，甚至会使谈话无法进行下去。委婉又称婉曲、婉转，即说话者不直说本意，只是用婉曲含蓄的话来烘托暗示。

委婉和含蓄是紧密相连的，并非花言巧语，含糊其词是因为它既不是为了哗众取宠，耍什么花招；也不是语言不清，态度不明，让人弄不明白什么意思。它是一种富于智慧、独具魅力的表达技巧，是为某种需要而采用的办法。有时可以把问题模糊，或用别的词替代，或暗示，甚至可以闪避。培根说："含蓄和得体，比口若悬河更可贵。"说明某些问题，适应某种场合，只有含蓄委婉的说话，才能使对方接受。鲁迅有个叫川岛的日本学生，由于谈恋爱浪费很多时间，鲁迅为了提醒他，在送他的书上写道：

请你从"情人的拥抱"里，
暂时伸出一只手来，
接受这干燥无味的
《中国小说史略》……

鲁迅的题词是含蓄的批评、含笑的提醒，不露声色而又意味深长。看到这样的赠言，必然会在一笑之余陷入深思和反省。

委婉谈话的关键在于知识或智慧，其最重要的方法是以不伤害对方为出发点。巧妙回答，不但在外交场合需要，在生活中也同样需要。

古代文献上记载着"王元泽辨獐鹿"的故事：

王安石之子王元泽五岁时，有位客人想测试他的才智，于是指着装有一獐一鹿的笼子问："何者为獐？何者为鹿？"王元泽实在识别不出来，于是回答："鹿边是獐，獐边是鹿。"

由于王元泽实在辨别不出獐鹿，他聪明地绕了个弯子，用含有表示方位成分的"的"字结构（"獐旁边的""鹿旁边的"）代替了指示代词（"这只""那只"），这是判断的形式，并无判断的内容，五岁的孩子这样巧妙地、迂回地回答了问题；实际上并未回答问题，而是把问题挡了回去，这是他的聪明之处，既不丢面子，使那位客人又不能再发问。

七　让人家有说话的机会

对人家说话，和站在教室中教课或是站在演讲台上演说是不同的，因为教课和演说，只有你一个人在说话，别人是不能插嘴说一句的。可是，对人家说话，彼此处于对方的地位，你有话说，人家也有话说的，尤其是彼此闲谈的时候。假使我们的谈话，我一个人一直滔滔如高山瀑布，永不停止地倾泻着，那么，人家就没有说话的机会，这不叫作彼此谈话，完全是你说人家听了。这样你将不会受人欢迎，人家以后见到你只好避开了。

世界上有名的记者麦开逊说："不肯留神去听人家的说话，这是不能受人欢迎的原因的一种。一般的人，他们只注意于自己应该怎样地说下去，绝不管人家要怎样地说。须知，世界上多半是欢迎爱听别人说话的人，很少欢迎爱专说自己的话的人。"这几句话是确确实实的。但是，你欢喜人家听你说话，你当推己及人，须知人家也欢喜有人听他说话的。换句话说，就是你欢喜人家听你说话，而你一直滔滔不绝地说着，要知道人家也希望你能够听人家说话，而使人家有滔滔不绝说一个畅快的机会的。

每一个人都有着他自己的发表欲的，即如几个人聚在一室，讲述故事。某甲一个一个地讲了好几个了，某乙某丙，谁不都是嘴痒痒的，也想来讲述一两个呢？可是，某甲只管滔滔不绝地一个一个地讲下去，使某乙某丙，要讲而没有机会。我们试想一下，某乙某丙的内心将怎样的难过啊！到后来，因为他们自己没有发言的机会，专门听某甲的讲述，终也没有精神听下去，他们会感觉到像是坐在牢狱中一样的不自由，只好站起来先行告退了。

一个商店的售货员，拼命地称赞他的货物怎样好，绝不许顾客有说一句话的机会，未必就能做到了这位顾客的生意；因为顾客对你如簧之舌、天花乱坠的说话，他也不过当你是一种生意经，决不会相信而就购买的。反过来，你如果给顾客有说话的余地，使他对货物有了批评的机会，你成为和他对此货物互相讨论的人员，你的生意便就做到了。因为上门的顾客，他早有选择和求疵的心理，他尽管把货物批评不好，他选定了自然会掏出钱来购买的。你一味地只是夸耀自己的货物，或是对顾客的批评加以争辩，这无异于说顾客没有眼睛，不识好货，对顾客不是一个极大的侮辱吗？他受了极大的侮辱，还会来买你的货物吗？所以，与其自己唠唠叨叨地多说废话，还不如爽爽快快，让人家去说话，反而会得到意想不到的成功。钢铁大王卡内基说："倾听是我们对任何人的一种至高的恭维。"心理学家杰克·伍德说："很少人能拒绝接受专心注意、倾听所包含的赞美。"所以说，注意倾听别人的讲话，而"倾听"本身就是一种"无言的赞美和恭维"。

你如果能够给人家有说话的机会，你就给人留下了一个好印象，以后，人家和你谈话决不会见你讨厌而避开的。有一个卖货的小店，生意比其他店好，别人问他为什么，他说："我只是爱听客人

第一编 怎样说话

说话，他们有事愿到我这儿来。"

八 最好让人家先说话

有一天，我去参加一个朋友的宴会，和我邻座的一位先生，因为他和我一样是从事于教育的，所以谈起话来我们两个人似乎特别的亲热些。席后，我和他两个人同坐在一处，互相随便地闲谈。他知道我到过海南岛，并且在国内还到过不少的地方，因此他就要我讲述一些各地的风光。接着，他也说他曾到过察哈尔和绥远。我就插口说道："喔，察哈尔和绥远，这是塞北地方，在历史上有着不少的古迹，在风土人情上有着和别省不同的情状，这是多么有趣的地方啊，可惜我还不曾到过，你可以把那里的一切讲一些给我听听好吗？"我这样的几句话，引起了他的极大话兴，结果，他毫不推诿，侃侃而谈地讲述察、绥的一切。足足讲了有半个多钟头，他竟忘了他先前要我讲述各地风光的事了。

如果，他要求我讲述各地的风光，我就毫不客气地一直滔滔而谈，或者竟谈了三四个钟头还没有谈完，他对我的印象，不过是一个善谈者，说不定他不等我谈到终了，已经厌倦不堪了。可是，我竟让他先谈，他就谈得津津有味，他就认为我是他的好朋友，就对我留下了一个很好的印象了。

在开会的时候，各人应该尽量发表自己的意见，因为不发表意见，便是放弃了自己发表的权利；但是发表意见，最好还是让人家先说话。你如果碰到一个问题，不假思索，就把你的意思冲口而出，自然其间难免会有一些错误，人家对你所留的印象，不过是一个鲁莽的粗汉而已。如果你让人家先说，然后你再把人家不周到的地方来加以修正，这就显出了你是有深谋远虑细心思考的人了。虽然人家先说的话你未必一定能够修正，但也未必一定要你修正，总之，你这样就给人家留下了一个好印象。

每一个人都有着他的发表欲。一群小学生，当先生提出一个问题，大家都举着手，希望先生指着要他起来答复。如果他有了几次不被先生指令答复，他就要忍耐不住，一面举着手，一面口中还要喊着"先生我来说"的情形，这是小学生在上课的时候我们去参观一下就可以知道的。成人虽然和小孩不同，然而也有着强有力的发表欲的。我们让人家先说话，便是让人家先过他的发表欲的瘾，因为你不让人家先说话，人家将要说你傲慢，说你不知谦逊，说你目中无人，你将不被人家看得起。你如果走进一个新环境，你将成为一个没有朋友的孤立者，这在你是只有害处而没有好处的。世间有不少的事业，让那沉静的人去占得胜利了，我们只见到肚子里留不住话的人遭受了惨败。

第三章　同意人家的主张

林肯教训一个和人家争辩的青年军官说："你不应该耗费了许多宝贵的光阴去和人家争辩，更不应该蓄志争辩来破坏人家的自尊心。要是你自己觉得有什么吃亏的地方，能够谦让的，还是谦让一点的好。你与其因为和一只狗抢路走而被它咬一口，倒不如让它先走过去的好，因为，如果你被它咬伤了，就是你把它打死了，也是于你的伤口没有丝毫补益的。"

我们为什么要和人家发生争辩？起因是由于彼此的意见不同。为了意见不同而发生争辩结果是很容易彼此结下仇恨来的。我们在社会上生活，朋友是多一个好一个，冤家是少一个好一个。我们为了一些小小的事情发生争辩，这便是减少朋友增加冤家的一个办法。

每一个人都有着他的自尊心的，一个耶教的信徒，他相信人是由上帝造出来的。但是，你用达尔文的进化论来驳倒他，驳得他是哑口无言了，你当然是胜利了。可是，他虽然哑口无言，他未必就抛弃他自己的主张而信仰你的主张。你的驳倒，使得他面红难堪，他就把你怀恨在心，他就和你结成了仇恨。这样的做法，你所得到的不过是一个眼前的口头上的胜利，而彼此的友谊，便就从此完结了。我们试想一下，这对你究竟有了些什么利益呢？

一　谁都为尊严而自卫

世人大都爱自尊自大，这是不分贵贱贫富的。比方你见到了一个印度人，你觉得他们的国家比较贫穷，他们在国际上的地位当然要比你低去许多，因而你就看不起他。可是，在印度人的心目之中，他们也自视非凡，觉得他们是处处高你一等的，凡是异教徒的影子挨到过的食物，他们都觉得污秽不堪，不再取食。还有像爱斯基摩人，在白种人的心目中，自认为要比他们文明得多；然而，他们竟也把白种人看成为最卑污的民族，所以凡是在爱斯基摩族中好吃懒做的人，他们都称之为"白种人"。

对人说话，第一要不妨碍对方的尊严。你对一个酒徒说着吃酒的不对，他自然也要起来为自己辩护，说着吃酒的好处！

现在，我来举一个例子说说：

现代有名的演说指导家卡耐基，有一天请一位室内装饰家为他家里配置一些窗帷，当时不曾问明价钱，所以配置好以后送的账单，竟使他大大地吃惊，知道被敲了一个大竹杠了，但也无可奈何。过了几天，有一位朋友来到他的家里，他看了窗帷，问起窗帷的价钱，不禁也惊异地说道："什么？要这样大的价钱，你是上了一个大当。"真的，这位朋友说的是实话，但是，这种实话，不会被人赞成而称谢的，因为每一个人都是一样，很少愿意去聆听人家批评他的错误的，所以他就和人家辩论。他就说，要买好的货物，终得要出昂贵的价钱，我们决不可能使用大减价的价钱而买到了精美的东西。这种辩论，实在是一种违心话，不过为了要辩驳而不得不这么说。过了一天，又有一位朋友来到他家里，但是这位朋友便不同了，他竟对这窗帷一味地赞美，并且还说愿意照式照样地也去置备一套。这种说法，竟使卡耐基的内心，起了和前天不同的反响，竟说出自己上当的真心话来了。

卡耐基这样的说法，并不是自相矛盾，实在是不甘受人批评的一种心理的表现。因为一个人自己有了错误，会对自己承认；如果对方说得巧妙婉转，他也会向别人承认错误的，而且这种坦白的承认，还会觉得是一件十分光荣的事。

美国的富兰克林，当他在顽强的青年时代，有一天，一位老教友把他喊到一边，诚恳地告诉他说道："你常常逞着你自己的情感去攻击人家的错误，这是不对的。你的朋友，他们都感到你不在的时候是十分快乐的，因为，他们觉得你知道的较多，所以没有谁敢对你说话，为的是怕被你反驳得哑口无言。你想，这样你将失去你的朋友，你将不会比现在知道的更多了，实在，你知道的也仅仅是一点而已。"富兰克林听了这个教训，觉得自己如不痛改前非，那他的一切势必完全失败，他将被社会所摈弃，所以他就定下了一条规律，就是不用率直的言词来作肯定的论断。而且在措词方面，竭力地避免去抵触他人。不久，他觉得这种改变了的态度有着很大的好处，和人家谈起话来愈见得融洽，而且这种谦逊的态度，极易使人接受，即使自己有了说错的地方，也不会受到怎样的屈辱了。

每一个人都有着他的自尊心，如果你对他所说的话能够表示同意，这就是尊重他的意见；他在无形中把自己高抬了，而这抬高他的便是你，自然他对你是十分高兴的，他愿意和你做朋友的。反过来，你不能对他表示同意，这显然是你站在和他敌对的地位，你是他的敌人而不是友人，他能不和你为难吗？所以在说话的时候，这一点我们是应该要加以注意的。

二 爱好争论者是傻子

聪明人终究要为自己的利益打算，只有傻子，才会去干那遭人怨恨的勾当。

现在我先来引一则傻子的故事：

有甲乙两人，甲的性情非常固执，无论自己是怎样的错误，他绝不肯认错的。有一天，他们两人正在闲谈，无意中谈到了砒是一种毒质，而甲偏说没毒的，有时吃了还可以滋补身体。可是乙无论如何都反对甲的主张。但甲越是受乙的反对，越是要为他的主张辩护。他说医治梅毒的九一四，中间就含有砒素，但是注射到人的血管中去，人并不会中毒而死。一到冬天，据说乞丐露宿街头，无法抵御寒冷，于是吃一些砒，就可以不要紧了。他举出了例子来为自己的主张辩护，而乙则无论如何都坚持吃了砒要被毒死的。结果，甲为使他的主张成立起见，所以对乙说道："你不相信吗？那我们可以当场试验，我来吃给你看，到底我吃了砒之后会不会死。"他们争论到了这一个地步，甲则偏说吃了不会死，乙则偏说吃了一定死，所以结果甲竟买了砒来准备吃给乙看了。到了这时候，乙深恐甲真的中毒而死，所以竭力说着砒有大量的毒，劝甲无论如何不要冒险。然而，甲为了他的自尊心起见，他如何肯承认砒有毒而不吃呢？结果，乙越是劝他不要吃，他越是要吃给乙看，终于他是吃了，后来他也死了。

甲死了之后，因为甲乙本来是好友，所以乙就深自悔恨，说当时不该和他这样地争辩，甲的死，完全是他杀死了的，因为当时如果乙自认自己的主张不对而去同意了甲的主张，那么这场人命案件便也不会闹出来了。

从上面的故事看来，我以为甲乙两人都是傻子：因为，甲自己牺牲了性命，而乙也负了杀死甲的罪名，他们俩人对于自己都是有着不利的，他们还不是傻子是什么？如果当时他们两人中不论哪一方面肯牺牲自己的主张而去同意对方的主张，这惨案便不会闹出来了。所以，他们两人都是傻子，傻子才爱去和人家争辩。

有人说，真理只有一个，牺牲自己的主张而去同意人家，但是自己的主张明明是对的，这不是牺牲真理而去服从谬误了吗？我说不然，我们当然要拥护真理，我们当然不可以牺牲了真理去服从那不合理的主张。然而，你在某种场所，虽然表面上你是牺牲真理而去同意了人家，实际上对于真理也并不会有了丝毫的损害。到了合适的时候，你可以把你的主张再提出来，人家就会同意你的主张，因为真理毕竟是真理，表面上牺牲真理，只是避免当面和人家争议，不做傻子。

现在，我再举一个例子：

一个初夏的晚上，我那时正游历至北京。友人王君，因为我初至北京，所以邀了几位朋友，同至中山公园啜茗，借以畅谈一番。我们无意中谈到了"望洋兴叹"的一句话，座中有位先生，他是某中学的教师，他说这句话是出在《列子》上的。但是，我知道这一句话明明是出在庄子《秋水篇》上，他说《列子》，不是说错了吗？我于是立刻为之纠正。可是，那位朋友坚持说他是不错的，他在日间的教课中间还说到，他因为恐怕教课教错，所以昨晚还是翻查过书籍的。他这样的说法，是证明着他并不错误，而错误的还是正在纠正他的人。但是，我自己也确实知道我不会错，他这样的说法，也不过为他自己的错误强辩而已。我们两个人争辩得没法解决了，在这时候最好是拿出书本来证明一下，究竟是谁是谁非。然而，我们大家同在公园中啜茗，我们不能立刻回去翻书籍，这也是无可奈何的。他为了要急于证明他是对的，所以请王君来判断。我知道王君是研究诸子学的，叫他判断，当然众人很高兴；因为我可以立于不败之地了。然而，王君是怎样判断的呢？他先用脚把我轻轻地踢了一下，然后说道："不错的，这确是出在《列子》上的。"

这样，我是错了，那位朋友便扬扬得意，我则未免有些羞惭，几乎要跳起来说王君也记错了。可是，为了我初到北京，他们是招待我的人，所以我不便去得罪他们，只好把一股怒气向肚子里压下去。

到了深夜回去了，我也随了王君到他家里去住宿，为了我对于王君当时的判断不服的缘故，所以到了他的家里并不就睡，向他借一部《庄子》来看一下。王君知道我心中的意思，笑着说道："深夜了，你还不睡，你想读一夜的《庄子》吗？告诉你，你还是早早睡吧，方才所争的那句'望洋兴叹'，确是出在庄子《秋水篇》上的，实在你并不曾错。可是，我当时为什么要说你是错了呢？因为那位先生素来是不肯认错的，我不愿意我们弄得不欢而散，所以有意说你是错的。"我当时就责问他这不是把真理抹煞了吗？他的回答说："真理是真理，你对的终究是对的，你一时的被派不是，根本无害于真理。你为什么为了一些小事而去和人争辩？即使你争辩而得到了胜利，在你有什么好处呢？你是多了一个冤家而少了一个朋友了。况且，当时他又根本没有来请教你，你又何必定要去为他指正；你为什么不要落得做一个好人，保全了他的面子呢？我知道他虽然是胜利了，但是，他回去再翻一下书，他也一定会佩服你的。那么，你何必一定要去争辩呢？我劝你以后尽可能地避免着和人家的争论，这是处世中一件重要的事。"

王君这样一说，我也心平气和了。我知道和人家争辩是没有好处的，我不是傻子，我何必来做这不聪明的事呢！

三 批评人家不好是无益的

学术上的进步，完全是靠着批评，有了批评，才能见出是非，所以"批评"两字，在学术的研究上是极有用处的。可是，在处世方面，批评很容易引起人家的愤怒，很容易闹出乱子。

每一个人都认为自己是唯一的好人，所以"责人则明，恕己则昏"，这实在是合于心理学的一句名言。美国巨盗葛洛莱，他的绰号叫作"双枪手"，他是杀人如麻、无恶不作的魔王，他和纽约市的一百五十多个警察和密探激战了一小时之后，终于被捕了。但是在他被捕之前，他正在写着一封信，说他是温和而善良的人，从不曾伤害了任何人。当他被判死刑的时候，他还要竭口呼冤，说是为了自卫才伤人，不应该受此极刑。这故事告诉我们，就是一个无恶不作的巨盗，他还是自认为自己是好人的，那么一般人也就不用说了。谁都不肯自认其错，我们硬去批评人家，这有什么好处呢？

对人家批评，只是使人家竭力掩饰错误而已。此举不独有关于被批评者的颜面，抑且足以引起了被批评者的反感。在美国的军队中有一条军法，就是士兵不得随意指摘哪一个同仁或是军队中的什么，如果谁违反了这一条军法，就得要受到严重的责罚。这一条军法的用意，便是免除大家因批评而彼此闹出意见，使自己内部发生了不合作的现象，这实在是很好的。一家商店的老板，如果他只是批评伙计，说着一班伙计怎样怎样的不好，这班伙计一定不能为他忠心服务，这家商店一定不会发展的。一家人家的主妇，老是批评用人的不好，用人也不会忠心地做事，这样主妇是不会得到什么好处的。所以我们批评人家不好是无益的，我们必须赞美人家的好处，那才有益。"隐恶而扬善"，这是我国古人的处世箴言。

轰动一时的油田舞弊案，就是当时的内政部长福尔受了十万的赌赂，把政府的油田私下出租了。这事被人举发之后，福尔当然被大家痛斥是政界败类而入狱了，就是哈定总统，终也被这案件牵累而下了台。几年之后，胡佛总统有一次做公开的谈话，偶然说到哈定总统被福尔的案件所累，以致气愤而死的时候，想不到在旁的福尔夫人，突然站立起来说："谁说哈定受福尔的累！福尔根本不曾做错事，即使你赠以满屋黄金，他也不会替你做了昧心的事的，他才是被人牵累而受刑的人呢！"

从上面的事实看来，可见一个人是宁可把罪恶嫁与他人而不愿自己认错的。所以，我们即使要批评人家的时候，还须防备着对方把他的错误压到自己的头上来。

有一位年轻的律师，他不但有着深邃的法学知识，而且还长于辩论。他代当事人办着一件重要的案件，这案件的成败，是有着极大的钱财出入的，所以两方律师的辩论很是激烈，谁都不肯退让而使自己的当事人吃亏。但是，他们在辩论的中间，法官援引了一条法律，他以为是根据于出版法的。可是，法官误引条文了，出版法上是根本没有这条文的，所以这一位年轻的律师，听了法官所讲，便对他注视了几秒钟，然后加以嘲笑似地指摘着说道："法官，在出版法上根本没有这样的条文的。"他这样一说，全法庭便是一阵的静默，静得像教堂中开始祈祷的时候一样。那位法官，因为当众被人指摘，也就立刻感觉到自己的错误，于是弄得面红耳赤，狼狈不堪。这一件案件，如果根据法理来说，这位少年律师是应该胜诉的；可是，他因为当众指摘法官，使得法官受窘，所以法官就怀恨于心，判决的结果，他就遭到败诉，他的当事人也蒙受了巨大的损失了。

从这一件案件来说，法官的徇私枉法，这当然是不对的，然而，那位青年律师，指摘法官，使他当时受窘，因此法官的理智，一时被感情所蒙蔽，也就不去顾到执法者应该守正不阿了。青年律师的败诉，也只好说是咎由自取了。我们由此，也可以知道当众直言不讳批评人家的不对，指摘人家的错误，于己是无益的。

四　训斥人家也未见得有好处

"忠言逆耳"，这是古代的名言。世界上不会真有"闻过则喜"的圣人，所以你率直地去告诉人家的错误，人家是不会向你感谢的，因为你伤害了他的知识、判断、高贵以及自尊，使他当面受到了难堪，他不但丝毫不能改过，反而因羞怒而引起一种反感来了。我亲见某校的一个学生，因为先生评定他的品行为丙等，而且把评定公开地摊在办公室里任人观看，他看到自己同班的同学，品行丙等的只有他一人，于是恼羞成怒，说着先生的评定不公，他以为自己的品行是很好的。后来，他竟说自己的品行既被先生认为劣等，那就是一个不可救药的坏学生了，于是公然吸起纸烟来，甚至一面燃着纸烟走进办公室，一面还把纸烟去敬给吸烟的先生们。这是不是成了笑话？于是，教导主任对他严厉地训斥，责怪他不该如此胡闹，但他并不因训斥而改变态度，他竟自暴自弃，自认是不可救药的人了。我们在这里就可以知道训斥不见得有好处，我们与其训斥，还不如用诚恳的态度来劝诫。

1863 年，在美国南北战争的葛底斯堡一役中，南军统领李将军在一个暴风雨的晚上，率领部队狼狈败退。当他们败退到塞特米克地方时，去路被水所阻，一面又顾虑后面的追兵过来，所以弄得进退两难，当时处境之险，也就不言而喻了。林肯得到了这一个消息，连夜发出一个急电，令米德将军飞速进兵追击。照理，追击败军，正如以汤化雪。乘胜前进，不难势如破竹，况且又是奉有命令，米德将军应该立即进行军事行动。然而，米德将军并不照办，他竟不慌不忙地开起军事会议来，坐失机会，使得已成为瓮中之鳖的李将军，趁着潮退而得以从容逃跑。这一个消息传到白宫，林肯大为震怒，暴跳如雷，立刻提起笔来写了一封信，想寄给米德将军，予以训斥，责其不应该贻误戎机。可是，林肯写好了这封信，一直放在抽屉中，并没有寄出去。这封信直到 1865 年 4 月 15 日林肯被刺殒命以后才被发现。但是这封信上的措辞，如果当时林肯寄出而米德将军收到了，米德将军也不会感到不快的，因为言词写得十分婉转，只说他失掉这一个机会是很可惜的，并没有露出丝毫发怒的痕迹来。

在这里，我们可以来一个猜想，猜想林肯在写那封信搁笔之后，他仔细地想道："我不应该这样的鲁莽，米德将军的失此良机，也许他确实有着一种不得已的苦衷，不得不预先开一个军事会议互相商讨一下，然后再行进兵追击。但现在事已至此了，把这封信寄出去，也不能挽回已成的局面；在我，不过把心里的闷气发泄了一下，而在米德将军，一定要努力地为他自己辩护，说不定把一切的过失完全推在我的身上，或者，因为过于难堪，使他效忠的心志产生了影响，以至提出辞职，事态益愈不佳。"林肯这样一想，于是怒气全消，心即泰然，已经写好的信也就不发出去了。这虽然是我们的猜想，但也许猜得并没有错误，读者诸君，当你满腹怒气而要向人发作的时候，你不妨也这样地想一下，那么，你只有帮助的友人而没有反对的仇人了。

你如果觉得对方大不应该，若再三思量之后，觉得非向他斥责一下不可的话，那么，我劝你不必斥责，最好还是用委婉的言词来劝告。那么，人家易于接受而改过，而且也不会对你有了怀恨，这在你是十分有利的。

五　冷冰冰的面孔是无益的

和别人谈话，不管是同意人家的主张，还是不同意，都不能采取一张冷面孔。谁也不愿意和态度冰冷的人谈话，即使是出于某种无奈非要谈，在心底里已经产生了一种反感，这样的谈话能有什么好的结果呢！

与人交往、谈话无非有两种人：一种是早已熟悉的人，如亲人、朋友和同事；一种是陌生人。和陌生人谈话第一印象是非常重要的，它的好坏直接关系到谈话的结果，良好的第一印象，才能顺利谈话，发展关系，取得成功。

从前，有个年轻人骑马赶路，时已黄昏，他还没寻到客店。遇一位老农，他在马上喊："喂，老头儿，这有旅店吗？还有多远？"老农说："无礼！""五里？"他快马加鞭跑去，跑了十几里，也不见人烟，心中纳闷，猛然醒悟过来，调转马头又往回赶。他见到那位老农，急忙下马，诚恳道歉说："老伯，请你原谅，我刚才太没礼貌了。您能告诉我，哪儿有旅店？"老农笑了，说："年轻人，知错改错就好，你已经错过旅店我也不让你白跑，如不嫌弃，今晚就到我家住吧！"年轻人满心欢喜地跟老农走了。

从这个故事中，可以看到，不同的言谈情态会引起对方不同的感应和对待。要礼貌待人，诚心待人，人善心实，嘴甜话暖，莫做无礼者，莫当冷面人。这类的例子很多，每个人都会碰上，我自己也有亲身的体会。俗话讲"人都是有感情的"，你尊重人家，热情待人，谁会驳你的面子呢！

我们每个人与人交谈一定要开朗、热情、生动，因为人并非是受到什么强迫方接近谁、喜欢谁；也不是由于什么人出类拔萃、有成就、有名气，才去接近、喜欢这个人。亲切的话语、温暖的微笑，一下子拉近了心理的距离。即使大人物，只要他善于交往、谈话，也必然如此。相反，冷冰冰的面孔，无论对什么人都是无益的。

六 这并不是阿谀

尊重人家的意见，不去和人家作无所谓的争辩，处处同意人家的主张，这样的态度，似乎是阿谀人家，有失自己的体面的。实在，这并不是阿谀，因为阿谀是近于欺骗，虽然一时能够获得成功，但终究必定要归于失败的。比方，为了某种的势利关系，不妨向人卑躬屈膝，或者，投人所好，拿着东西作礼物，使人家心满意足而给我某种利益，这就叫作阿谀。蔺相如不和廉颇争，这并不是蔺相如阿谀廉颇；林肯给米德将军的信不发出，这也不是林肯对米德将军的阿谀，我们同意人家的主张，目的不过是在避免无谓的争论。人家不对我表示同情，我是不高兴的；我们推己及人，我们就是不去给人家不高兴，我还是有着我自己的立场的。读者诸君，请你仔细地去玩味一下，你就可以知道这不是阿谀了。

日本有个推销大王叫山田久二，他推销商品，不仅尽量模仿对方的口音、言谈、身体姿态，还依据对方的爱好、职业等特点相应地打扮自己，使对方感到特别亲近可靠、特别热情。有人指责他是"逢场作戏"，他说："我不是作戏，而是为了向对方表明：我是和他们一样的人——人们需要这样。"

第四章　要有自己的立场

说话不应该一味地去迁就人家，自己的立场是不能泯没的。虽然说我们为了要免除和人家的冲突而同意人家的主张，然而，这同意是有着相当的限度的，如果在万不能同意的时候，当然是不能同意的。比方说我有一位为非作歹的朋友，他的主张是杀人放火，我非他的同道，而且我知道他的主张是不利于大众的，那么，我自然不能同意他的看法。虽然我对他不能同意，而且也没有能力为之纠正，但我为了友谊的关系，应该使用委婉的言辞，不使其触怒而忠告善导，这才是对的；万一我做不到这一步的时候，那么，我只有严守着我自己的立场，只好对他避而远之。

我自己有着我自己的主张。我自己的主张，还得要人家来同意，然而我怎样才能使人家来对我表示同意呢？

一 怎样拒绝无礼的请求

人家向我作无礼的请求，这事社会上多得很。不一定是有威望、有势力的人才能遇到，就是无名小卒的你我，也是常常可以遇到的。但是，遇到了怎样呢？答允则不对，不答允则遭怨，那怎么办呢？我们要知道，我有着我自己的立场，我只能用委婉的话来拒绝。这样，一方面我的目的达到了，一方面对方也不至于和我结了仇恨。现在，我们看美国塔夫脱总统，他怎样去拒绝一位妇人请求为她的儿子谋一个职位：

一位居住在华盛顿的妇人，她的丈夫很有些政治势力，她向我要求为她的儿子安插一个职位，向我滋扰了有两个多月。她不但自己向我滋扰，而且还托两院中的几位议员帮她说话。可是，这一个充任总统秘书而且专司咨询两院议事的职位，必须要具有专门学识的人才能胜任，她的儿子，实在担当不了这一个职务，所以后来我另外派了一个人去接任。这就使她感到了大大的失望。她立刻给了我一封信，说我不懂人情世故，说她曾努力地劝说某一州的代表，叫他们赞助我提出的某一种的重要法案，她对我这样的帮忙，而我仅须一反掌之力，就可以给她无穷的快慰而竟不干！当我接到了她的信，想起对这无礼的妇人的答复，必须要有着相当的忍耐，才能想出适当的办法来。因此，把这封信搁置了两天，然后再取出来很平心静气地来写回复信。我用对她表示同情的态度，说做母亲的人，遇到了这样的情形，当然是十分失望的。再说关于用人是不能完全由我做主的；因为技术人才，我只能听该机关的长官的推荐。最后再说她的儿子，暂时可以仍旧努力于现在的工作。这一封信总算使她的心镇静了，因此她又给了我一封短札，说明前信所言的抱歉。

我所委派的人并不马上就去接任，所以过了几天，我又接到了一封是她丈夫署名的信，但是，笔迹完全和前封信一个样子。这一封信中说他的妻子为了儿子的职位的事而忧闷成疾，医生的诊断，恐怕要发生胃病。如果要使她的健康恢复，最好把前次所委的那个人撤回而另行改委她的儿子。因此，我又给她丈夫回了一封信，说是希望医生给她诊断的不确，同时，再同情他为了夫人的病而忧戚。至于撤回前次所委派的人，那是朝令夕改，事实上是不可能的。不久，那个人也就到任了。又过了两天，我在白宫中开了一个音乐会，第一对到会的客人，便是那位妇人和她的丈夫。

上面的一段故事，是在塔夫脱总统所著的《服务伦理学》中提到的。这一件事，因为他应付得适当的缘故，所以一面拒绝了人家无礼的请求，同时又使两方面的感情仍旧维持而并不破裂。如果那位做母亲的这样鲁莽，而塔夫脱总统也严正地给予拒绝，那么，两方的情感就完全破裂了，而塔夫脱总统也少了一个朋友而多了一位仇人了。

记着吧，你对人家的无礼要求，你不妨由委婉的言词来予以同情，须知你这不过是一种同情的表示，你并不因同情而就破坏了你自己的主张。

现在，我再来举一个拒绝人家无礼要求的答复的例子，这可以和前面所举的例子互相参照的：

美国大演说家卡耐基，每季都要作一次演讲，地点是租赁纽约一家旅馆的跳舞厅，每次租二十天，习以为常，所以他已经是那家旅馆的老主顾了。可是，有一次，他已经把演讲的题目和日期公布了，并且入场券也印发了许多了，那家旅馆突然送给他一个通知，说是要增加三倍的租金。

当然，他对于这样的加租是不会表示同意的，然而，贸然地提出抗议，也不会发生什么效力的，因为旅馆的经理，纯粹为了自己的利益在着想。过了两天，他便去见那旅馆的经理，向他说道："你的通知，我觉得很有一些突然，但是，我知道这并不是你的错误，因为如果把你换了我，我一定也要为旅馆方面想办法多赚几个钱的。但是，你的加租，对于你的损益，我不免有些怀疑，我们不妨开诚布公地拿一张纸来计算一下。"说着，他就拿了一张纸，用笔在上面画了一条直线，一端写了一个"益"字，一端再写一个"损"字。接着便又说道："你为了你的利益着想，你当然情愿把我租用你二十个晚上的舞厅改为跳舞会和宴会的用途，因为这样一来，你租金的收入，当然要超出租给我的租金许多。可是，你要知道，不论什么事，有利必有弊，你既然实行加租，我因拿不出巨大的租金，以后也只好永不再进入你的门了，这在你也不能不说是一个很大的损失。那些来听我演讲的人，他们都是些知识阶层中的上流人士，他们都成为你的好顾客了，换句话说，就是我的演讲，实在是替你做了很好的广告，这个广告，效力之大，比你花了五千元钱在报纸上所刊登的还要大得多。"

他一面说，一面把这意思在损益的两方面分别地写了下来，便把这张纸交给旅馆的经理先生，请他仔仔细细地斟酌一下，然后再来把回音给他。

第二天，卡耐基便接到了这位经理先生的回信，在回信中把要加的"三倍"改为加"五成"了。因为这个数目不大，所以他也接受了。

卡耐基为什么会获得了这样美满的结果呢？这就是他的所说，并不是说了自己的希望，而是也替对方打算的缘故。如果他当时换了一种方式，手中拿了旅馆经理的通知，怒气冲冲地跑到经理那里，向他斥责地说道："你真是岂有此理到极点了！你为什么早不加、晚不加，偏要在我公布了日期、讲题，发出了入场券之后再来加呢？你这不是毫无信义吗？而且，你一加就是三倍，你这个人只知道钱！现在我偏不加，看你怎样！"读者诸君，假定你是那家旅馆的经理先生，你当面受到了这样的一番斥责，我们不妨设想一下，你会怎样呢？我想，你一定也板起了面孔，红着脸，声势很大地回答："怎样？不加则我不租，要租则必须加三倍，少一个子儿也做不到的，我倒要看看你怎样呢！"读者诸君，我想那位经理先生一定要为了他的尊严而这样回答的吧！我们说话应该用什么方式合适，也可以知道一个大概了。

二　多言无益

　　我国有一些古语，像"会捉耗子的猫不叫""蛤蟆从晚叫到天亮，不会引人注意；公鸡啼了一声，大家都起身工作"之类，这都是表明一个人不要多说话，多说是没有益处的。的确，一个酒鬼，酒后啰啰唆唆地说个不休，试问有谁把他的话拿了一句当真？一个老太婆，一天到晚地唠叨着，试问有谁把她的唠叨拿一句来当真？法庭上的法官，他是不大多讲话的，但他不开口则已，开了一句口，这一句是原被告以及律师、法警、新闻记者、旁听者，没有一个不是大加注意的。我们平常说话，为什么要学蛤蟆、酒鬼和老太婆而不去学公鸡和法官呢？老子说"大智若愚"，孔子说"刚毅木讷近乎仁"，这也是表明多说话的人，他仅有的一些学问，早已在他的口头上宣述无遗了。

　　我们走进一家商店去买东西，对那面孔板着、不来招待的伙计，我们当然是不欢迎的。有时，我们在柜台旁边站了好一会儿，那伙计似乎眼中没有见到似的老是不睬你，我们给他的报答便是转身就走，不再买他的东西了。可是，有的时候，店伙招待殷勤，把货物的优美，说得天花乱坠，仿佛天下最优良、最廉价的货物只有他们一家商店出售似的，顾客想要插一句话的机会都不能得到。我们试想想，顾客就会完全信任了他的说话，立刻不假思索地买了他的东西吗？

　　有一天，我走进某书局去买了一些稿纸，事先已经有个朋友告诉我，近来稿纸的价格飞涨得比半年前要贵三倍，只有某书局，他们虽然涨价，似乎比较起来还算便宜一些。于是我特地走进某书局去购买了。我一看他们的定价，确实很便宜，但是拿在手中，知道那种纸是用新闻纸印刷成的，因此我就问他们有没有道林纸的稿纸。谁知那店员一面回答我没有，一面竟向我大谈新闻纸印刷的稿纸怎样的优美、怎样的廉价，同时还批评道林纸的稿纸不但价钱高出新闻纸的一倍，而且还不及新闻纸的优美。我当时想要说一句话都不可能，所以只有等他落花流水似地说完了，然后再告诉他，新闻纸的稿纸确是价廉，而且使用起来也不错，不过在我的经验上，似乎书写起来道林纸的要流利得多。可是我这样一说，他竟又是天花乱坠地说下去了，而且还批评我所说的完全不对。结果怎么样？我告诉他我使用稿纸已有二十年，我还是某书局的编辑，所以稿纸的好歹，我自己也知道一些的。最后一张也没买就走了。如此，那位职员天花乱坠地说了一大套，试问有什么用？

现在我再举一个例子如下：

某国有一家大汽车公司的经理先生，他想定购大批车厢内用作坐垫的绒布，因此有三家商店送了货样去，准备承揽这一笔大生意。汽车公司的经理先生看过了这三家商店的样品，于是约定一个日期，请这三家商店派人去接谈。

因为这是一笔大生意，所以这三家商店，当然各自选取擅长口才的职员前去应命。甲乙两店派去的人，都是长于口才的人，丙店所派的人口才也很伶俐，然而这一天他竟不幸发生了喉病。他要是因病请假，那么眼看着失去一笔巨大的生意，这未免有些对不起店东；如果前去应命，那么，他患着喉病，他竟不能开口说话。他因为不愿对不起店东，所以不得不抱病前去。他看到甲乙两店所派的职员，口若悬河似地说着话，把他们自己的商品，形容得天上少有、地下绝无的样子。而这位丙商店所派去的人，他竟没有办法，所以只好用纸写着："我今天有喉病，我不能说话，只好不说了。"可是那家汽车公司的经理先生，他竟然说："那不要紧，我试着来代你说话。"真想不到，这位经理先生竟帮他说货物是怎样好、怎样价廉，并且还说到甲乙两店的货物和价格还不及丙商店。终于甲乙两店不曾做着生意，这一笔巨大的生意完全被丙商店做去了。

这真是出乎意料之外的，如果当时丙商店所派的人不患喉病，竟也和甲乙两店似的说得天花乱坠，那么，这生意未见得一定做到。因为他患喉病的关系，所以给予了他一个机会，这竟使他自己少说话而让人家多说话，他就在这上面获得胜利了。

上面的举例，似乎是偶然的，不能作为普遍的，然而我们要知道，多说话终是不会有好处的。比方有两个人因了某事而发生冲突，旁人来调解，甲则喋喋不休，说个不了，乙则讷讷然像是说不来话的，这事情明明是非在乙的，但旁人的心里面终要对乙原谅一些的。由此，也就可见多说话是无益的。

三　用不同的方式来再三申述

说话和做文章是一样的，做文章最忌说了再说，意思重复，文笔不清，所以说话的时候，把说过了的一说再说，也是不大好的。但是，为了一件事理要使人家明白，单说一遍，说不定人家还是不能懂得，所以有一说再说的必要。比方教师对学生的讲书，恐怕学生不懂，于是讲了一遍再讲一遍，接连重复地讲了好几遍。大家都以为这是教授恳挚的好教员。因为，教员仅仅讲解一遍，学生未必能够懂得，一再讲述，于是由不懂而渐渐地懂了。但是，我们要知道，一再讲述，最好还要用着不同的方式。同样的菜，吃了一盘再一盘，一连吃了好几盘，也不会感觉到有味，也许反而是吃厌了。如果用了不同的烹饪方法，使同样的一种菜，有了不同的口味，那么，吃的人便不觉得只是一种菜，而且吃起来也津津有味了。我们把吃菜的经验，用到说话上来，就可以知道用不同的方式来再三申述的重要性了。

拿破仑曾经说过，重述是修辞学上唯一的重要原则，一种观念或是一种知识，自己是明白了，但别人未必就能抓住。因为明了一种新的观念或是新的知识很需要一些时间，而且必须把整个的心完全集中在这新的观念和新的知识上面。换句话说，就是要再三地申述。而这再三地申述必须用着不同的方式。

这样的说法，读者诸君也许还不能彻底地明了，我还是举例子来说吧：

（1）你不能够使人家去明了一个问题，除非你自己先明了了那个问题。

（2）你对那个问题在心里愈是明白，那么，你也愈是能够清楚地把那个问题传达到别人的心中。

（3）一个问题，你要使人家明了，先决问题，就是你自己先须明了。

上面的举例，（2）（3）的意思完全和（1）一样，但是，你这样地说着，人家并不感到你说得重复了，因为听的人只觉得更明白而且更清楚，心上确实无暇去顾及，是不是言辞重复了。

不管你练习写文章或是练习说话，这一个方式是很可以采用的。你在练习的时候，不妨把一段的言辞，改成五六种不同的式样，只要形式改变而内容并不改变。如果内容也改变了，那就是你修饰得不得法了。

四　使人家有回忆的价值

一幕戏剧，使人看过就完了，心里引不起什么感想，这种戏剧只有叫人看一遍，没有叫人看第二遍的价值的，这便是无价值的戏剧。

现在，请你先来读下面的一篇文章。

大多数的液体，都是用"品脱""夸尔""加仑"或"桶"来计算容量的。比方我们通常说的几夸尔酒、几加仑牛乳、几桶糖浆等等。我们遇到了新发现的一处油井，我们称它的产量，也只是每天多少桶而已。可是有一种液体，制造量和消费量是那般的巨大，所以用以计量的单位竟用"吨"。这种液体的名称，便叫作"硫酸"。

在我们日常的生活上，硫酸在很多方面和你我发生着关系。如果没有硫酸，你的汽车就要停止，你只好回到老牛破车的生活。因为煤油和汽油的提炼是要用大量的硫酸的。使你的办公室光明照耀，使你的餐室在晚上亮如白昼，使你在晚上走进寝室而不致于撞痛额角，这就须得靠着电灯，然而电灯没有硫酸也是不行的。

你在早晨起了床，就要放水洗脸，去扭开那镀银的水龙头，它的制造，中间就含有硫酸的成分在内。就是珐琅质的脸盆，制造的时候也是需要硫酸的。你使用的肥皂，制造的时候也是要经过硫酸的。你所用的毛巾，在没有和你会面之前，已经先和硫酸会过面了。

你的发刷上的鬃毛需要它，你的化学梳子没有它也造不成，在用高热度使钢质变柔之后，也要放进硫酸里去浸一下的。

你穿上衬衣，你扣上外衣的扣子，这扣子的漂白或是染色都得要用到它。制造扣子的工人，他们知道没有硫酸是做不出来的。你穿的皮鞋，制革匠在制皮的时候，也是要用到硫酸的。至于我们打算把皮鞋擦得光亮，这时候它又为我们服务了。

你在房间里穿戴好了，于是走出房间，到餐室里去用膳。你使用的杯子和碟子，如果不是纯白的，上面的光彩，都得有硫酸才能染成，因为它是用来做镀金或制造其他的装饰颜料的。你吃的西餐，就得使用匙、刀和叉，可是，这些东西，如果是镀银的，那也都是经过了硫酸的作用的。

你吃的面包和饼干，制造的原料是麦子，这麦子的长大，差不多是靠硫酸肥料的，而硫酸肥料的制造，也是有赖于硫酸的。要是你用荞麦来做饼和糖浆，你的糖浆也是需要硫酸的。

照这样看来，经过了一整天，硫酸在各方面都和你发生着关系。你不论走到了什么地方，你终不能逃脱它的影响。没有了硫酸，我们既不能作战，而且也不能和平地居住。因为硫酸对我们人类有着这样重大的关系，所以我们就不应该对它一点也不熟识，因为大家对它都不大熟识，所以我就在这里介绍一下。

上面是告诉大家硫酸和我们人类的关系的。我们读了这篇文章，或是听了人家这样的讲述，自然，我们不论到了什么地方，脑海里都有着一个硫酸的印象，我们不论遇到什么东西，自然会回味和硫酸的关系了。

每一个人，都有着他的自私心。他们所感兴趣的，主要的还是在于他们自己。铁道应不应该归之国家？有这种巨大的问题，并不能引起大家的注意。怎样自己可以上进？怎样可以获取最大的薪金？怎样可以找到职业？怎样可以保持健康？怎样置备产业？这些问题，似乎是永远受到一般人的欢迎的。我们对人家讲述某企业家的成功史，某人怎样去克服了他的困难，这种问题，听过之后，谁都会让自己回忆一下：我过去有没有这样的情形？我将来会怎样？所以，我们与人谈话，还是要抓住对方的心理，否则尽管你说着，人家并不一句句入耳，你讲过之后，所讲的是些什么，人家也就早已忘掉了。

不过，你一面要抓住对方的心理，同时也不要忘掉了你的立场。

五　学会运用拒绝语言

在交往过程中，如果遇到对方的要求不是合理的，为了坚持自己的立场，就要加以拒绝。拒绝是要冒风险的，拒绝还要使对方愉快这很难,这与拒绝者的态度和语言表达方式有着密切的关系,比如"不!""不行!""办不到!""不知道!""没有!"等冷冰冰、硬邦邦的词,必然会增加对方的不满和不悦的感觉。反之,诚恳的态度,恰当得体的语言,可以减少对方心中的不快或失望,有时还可以使对方理智一些,得到对方的谅解和理解,把对方的失望和不悦减少到最小的限度内。

甲:"咱们合作搞这个课题,您看如何?"

乙:"我认为这个想法很好,可是目前没有机会,我明天就要外出考察一个月。真遗憾。"

乙心里并不想和甲合作,如果开始就说"不行"之类的话,这势必会伤害甲的自尊心,甚至产生反感,也许甲再不会和乙成为朋友。乙先说赞成的话,再根据情况说明无法接受的理由。这个理由中并没有不尊重甲的含义,这一点很重要,所以甲不会生气,不会对乙产生别的看法,仍然会对乙保持朋友的关系。

一位青年拿着自作手稿去见作曲大师罗西尼,并当面演奏起来。罗西尼边听边脱帽。

青年问:"屋里太热吧?"

罗西尼说:"我见了熟人有脱帽的习惯。你曲子里的熟人太多。"

罗西尼用隐晦的方法点明青年抄袭别人的东西,他并没有当面指出，使青年可以理解，但不会感觉太难为情，也许青年回家之后会深责自己。如果罗西尼当面指出"你抄别人的东西"，青年一定会不服，场面就尴尬了。另外，罗西尼用脱帽来表明自己不愿意听下去，这种方法比拔脚就走要好多了。罗西尼既没有无原则地恭维青年，坚持了自己的观点，又没有无礼，可谓高矣。

要想坚持自己的观点，可以根据不同情况、不同场合，采取各种各样的办法，比如：可以以笑代替拒绝；可以装聋作哑；可以拖延、推托；可以用委婉的语言，但留有希望；可以晦而不露，避实就虚；可以采用高雅纯正的语言，幽默的方式；可以多讲别人的长处……总之，无论采取何种方法，都必须用满腔的热情，不要将对方冷落；以求获得对方的理解，坚持自己的观点，使彼此的友谊之树长青。

第五章　要开发别人的话机

如果有几个朋友，大家聚在一室中谈话，内中只有一个人口若悬河地滔滔长谈，其他的人只是呆呆地听着，这就不称其为谈话，好像一个人是传教士或是演说家，其他的人只是听众而已。人是每一个都有着他自己的发表欲的，小学生见到先生提出一个问题，大家争先恐后地举起手来，希望教师来指点他而叫他回答，即使他对于这个问题还不曾彻底地了解，只是一知半解地懂了一些皮毛，然而他不管回答得是否错误，也不管回答错了是要被同学们耻笑的，他还是要举起手来的，这就表现为一种发表欲。成人们听着人家在讲述某一事件，虽然他们并不像小学生争先恐后地举起手来，然而他的喉头老是痒痒的，他恨不得对方赶紧讲完了好让他讲下去。比方，某甲在讲述他逃难的经过是怎样的危险和怎样的痛苦，某乙也逃难过，跋涉过千山万水，或者所经过的比某甲还要危险和痛苦；或者所经过的因为某种关系而并不感受到丝毫的危险和痛苦。他一面在听着某甲的讲述，一面却也希望某甲早早讲完而由他来继续讲述，甚至他等不到某甲的讲述终了而中途插嘴进去，这也是极普通的，这也是成人的一种发表欲的表现。

阻挡人家的发表欲，人家一定对你不高兴，你不会得到人家的同情的，你为什么要这样地做着傻事呢？你不但应该让人家有着发表意见的机会，你还得设法引起人家的话机，使人家感觉到你是一位使人欢喜的朋友，这在你是只有好处而没有害处的。如果你愿意和人家疏远，暗地里遭受着人家的白眼，你只须在和人家说话的时候，专门讲述你自己的话，不要听人家所讲的，而且也不要给人家有说话的机会。社会上这种人是很多的，有许多的名人还免不了这样。但是，你愿不愿呢？如果不愿的话，你就得要开发人家的话机。

一　用赞美的方法

几个朋友同坐在一间屋子里，大家默默无言，使室内的空气寂静得像坟场，这是最乏味的事，坐不多久，大家便会各自走散了。一个人碰到亲戚朋友上门来，终得和他谈谈天，使他不要寂寞得眼睛合拢起来想睡觉。普通社会上说一个人不能没有应酬能力，打开话匣子，也是应酬能力的一种。会应酬的，从"今天的天气"一直像瓜蔓似的谈下去，谈得海阔天空，不知到了哪里，大家兴致很好，气氛十分热闹；不会应酬的，虽然想照样地从"今天的天气"谈下去，可是，谈不了几句，谈得似乎没有话了，结果还是空气冷淡，大家相对无言。我国的格言虽然有一句叫作"与人无可说话处切勿强寻闲话来说"，然而我们要免除亲朋的枯坐无聊，有时候"闲话"也是少不了的。我们的谈话，可以从闲话中去引出正经话来的，我们不妨用"闲话"来做引子，所以闲话并不是不可说的。

我们说着闲话，有时候因为不会说话，闲话也会说不出的。我们如果用一种赞美人家的方法，可以引起对方开动话匣子来的。

我有一位朋友，他曾经在海南岛的文昌中学里教过书。因为文昌人对琼山人不大恭敬，琼山人对文昌人也不大恭敬的缘故，于是有一天校中闹出了一些小小的问题来了。一位琼山籍的教员在上着技术课，他是很得学生信仰的。只因文昌人对琼山人常有"琼山狗"的不敬的称呼，所以那位先生在上课的时候，有一位学生趁大家围着先生谈话的当儿，在黑板上无意识地写了"琼山狗"三个字。那位教员在无意中回头看到黑板上这三个字，不禁勃然大怒，立刻退出课堂而报告校长，并且还提出了辞呈。校长对于这一点，当然要严责学生，所以立刻召开一个校务会议。

在会议中间，校长提出了学校的规程，说第几条所载，学生谩骂教员，记大过一次；第几条所载，学生侮辱教员，开除学籍，现在这个学生究竟是谩骂还是侮辱，应请讨论。

当时，一位训育主任，他是深知学生心理的，他知道学生对那位教员并没有什么恶意，这不过是一种无意识的举动而已。然而校长偏要当一桩事情来做，觉得这学生是必须要开除了，那样才能整顿校风。这样，校长和训育主任相争不下，于是我那朋友站起来说道："学校的规程先有些不妥，这事情我们可以不必争，我们还得先来讨论一下学校的规程，我以为侮辱是目的，谩骂是达到侮辱的目的的一种手段，这两条规程，实在还是应按一条来分析。所以我们从法规的一方面讲，该学生应该处罚，但不必照规程来处罚，因为规程的本身自己先不对了；如果照情的一方面讲，有时骂也是一种亲热的爱的表现，是我们可以原谅的。"这一来，校长和训育主任两面均不失面子，而那学生也不受学校的严厉处分了。

有一天，我有一位新办学校的朋友来我家中，我们四目相对没有什么话可说，所以我把我朋友的那段故事讲给他听，并且再对他说："你是研究过法学的，你看，他们订出了这样不妥的规程，这不是笑话了吗？"这几句话，竟引起我那朋友的话机来了，于是，他向我述说学校订立规程的困难；他们订立规程是怎样的仔细，侃侃而谈，一直谈了两个多钟头。

我们要把对方的话机引起来，当然还得认识对方的地位，如果对方是一个商店的售货员，或是公司的广告主任，我讲述这样的一段故事，想要把他的话机引起来是做不到的。所以，要引起人家的话机，对政客应该谈政治，对商人应该谈商业。你谈错是不要紧的，而且可以因了你的谈错，引起了他的话机，这也是常有的事。当他谈了以后，你如果再给予两句赞美的话，那他一定眉飞色舞，更是滔滔地说个不停了。

说话不必一定要用"今天的天气"做开头，比方对方所做的成绩，或是对方所穿的衣服等，都是可以用作赞美而引起人家的话机的。一个女人，穿了一套新制的衣服，你可以从她服装的式样以及颜色方面去加以赞美；你就引起了她的话机，她将会说起衣料的价钱，哪家裁缝所制，现在顶时髦的服装是怎样，某人近来做了些什么新装，她自己还想做一件什么。唠唠叨叨，自然会说出一大篇话来的。所以，赞美的方式是从各方面可说的，没有一定的死板的定型的规矩，只在你自己神而明之的随机应变，随时活用而已。

二　用疑问的方法

要开发别人的话机，设疑作问，也是方法之一。某甲是做股票生意的，我可以向其询问现在股票的市场，于是由票价而说到外汇，由外汇而说到物价，由物价而谈到民生问题。我一直向他问着，他便可以滔滔不绝地一步一步地谈着；使他谈得有兴的时候，你也不必作问，他自然会谈到他所做生意的内容，或是某一次怎样的赚钱，某一次怎样的亏本。在这你开发了人家的话机，而同时你还可以得到不少的知识。

如果对方是一个文学家，你就可以问他文坛的现状以及作家的生活、写作的经验等，他也可以因你的疑问，引起谈话的动机，可以不会感觉到枯坐无聊。

现在，我再来举一个例子：

我有一位朋友，他是专门替人家作广告画的。我曾介绍他为某书局作书籍的封面画，他自己设计了，并不去征求书局老板的同意，每一幅都不受老板的欢迎。老板立即付了他稿费，从此以后再也不请他了。接连好几个月他不曾接到一单生意，因此他来向我问询。当时我就告诉他，说他以前为某书局所作的封面画，该书局的老板一张也没有用。我叫他应该改变作风，同时还要征求老板的意见。因为你代人家作画，钱是人家出的，出了钱的人一定要使他合意，这才是道理。

他听了我的话，特地又夹了几张书稿去看那书局的老板。书局老板见他前来，疑心他是来兜取一些生意的，因为对他的画稿不满意，所以招呼了一下，两人对坐着各是默默无言。他坐了一会儿，觉得无聊，便想起身告辞，但一想来的目的，是在请教老板，因此由他先来打破沉寂的氛围。先问近来书局的生意，以后又谈封面装帧和与书籍销路的关系，于是再请教应该怎样装帧，拿出画好的几张封面，请求批评。结果，引起了那书局老板的话机，滔滔不绝地谈着他做出版事业的经验，同时还对他说明书籍的封面画和广告不同，叫他以后应该怎样的注意，他一直"诺诺"地答允，终于老板又请他试作几幅了。

从这一点上，我们知道用疑问的方法，可以开发人家的话机，同时还可以使自己也得到益处。

三　诚意关心人家的谈论

一个教员，在上课的时候，学生们并不注意听他的讲解，那么，这教员即使心里想怎样地卖力，他也是卖不出力的。我们几个朋友聚在一室谈天，某一个人谈着某种问题，他虽然兴高采烈地谈着，但是，听的人并不注意，甚至大家顾而言他了，那么，这人自然也谈不下去，他的所谈也只好中止了。所以，要使人家的话机一直开发着，诚意地关心他的谈论，那是十分要紧的。

哈佛大学的校长叶勒德说道："做过商业的人，在谈话的时候，最要紧的便是倾听着对方的话语，这是博得人欢心最有效的方法。"确实的，这是谁都能够见得到的，所以也不必有人来说穿的。然而，我们常见到有些商店，他们不惜花费了巨大的金钱，去登大幅的广告和装饰门面。可是内部所雇的售货员，却似乎各个不曾受过教育似的，出言粗劣，不肯聆听顾客的意见，有时还要讽刺谩骂，把顾客气走，这无怪乎他们的生意永无起色了！

很专心地倾听对方的谈论，这无疑可以启发人家的话机，还可以在合适的地方插一些话，主要是询问不懂的问题，对方可以做解答。这既表示对对方的尊重，也利于清楚了解对方谈论的真意。所以，诚意关心人家的谈论，并不是敷衍，也不是只为开发别人的话机，还可以了解不少的知识，使谈话偷快。

四 投其所好

前文谈到，由"今天的天气"引出对方的话机，当然还要了解对方的职业，更重要的是对方的爱好。俗话讲"投其所好"，这个"好"包括对方所了解知识的范围以及他的爱好、习惯等。

如果你虽然了解了对方的职业，但有的人不愿意谈自己职业范围内的事情，就会使这个话题无法展开，也无法引起对方的话机。相反，如果你了解对方的所好那就不同了，既然是所好，对方一定喜欢，一定有说不完的话题，他谈论时一定会眉飞色舞、滔滔不绝。你听着对方愉快的谈话，又长知识，不时地再发问，不是件很高兴的事吗？

从"今天的天气"到对方喜欢的内容，这中间会有个过程，所以要因势利导地加以引导。在谈话中要善于发现对方的所好，他感兴趣的东西，要敏捷、机智，这当然是指和对方并不太熟悉；如果是很熟悉的朋友，可开门见山地让他谈论某个话题。

应该说，巧妙地投其所好，其本身就是一种艺术，能够灵活地运用是很不容易的，尤其在谈话中就更不容易。如果你送给某人东西，了解了他的所好之后，按所好送上就可以了，事情也就完了。而谈话则不是这样，他滔滔不绝地谈他的所好，而这对你并不一定是所好，如果是，当然很好；如果不是，你想了解这方面的知识，也很好；如果既不是你的所好，又不想了解什么，那你就要忍受了。他的高兴也许建立在你的忍受之中，他会觉得你是一个非常可爱的人，是他最好的朋友，因为"投其所好"是对他最好的恭维和赞美。你的忍受，使你在朋友心中获得好感，还是值得的。

第六章　怎样和人家辩难

社会愈是进步，人事也就愈是繁复，真理的探求也愈是迫切。我国的读书人，大都有着几个很深的毛病：

第一是思辨力不清楚。凡是碰到一件事，古人怎么说，他也就怎么相信。孔子说"敬鬼神而远之"，他也说"敬鬼神而远之"，不管有没有鬼神，不管鬼神为什么要"敬"，而且也不管既是要"敬"，同时又为什么要"远之"。别人所说的话，不知道拿来细细地分析一下，找出一个所以然来，只是囫囵吞枣、糊里糊涂地过去，因而有许多的问题，就不能有一个彻底的解决。就是科学上也是这样，所以我国人对于科学上很少有大贡献。这种现象，纯粹是由于没有追根究底的习惯所致的。而造成这种习惯的原因，最大的是：一是因为我国的论理学不发达；二是因为我国的辩论术不讲究。

第二是只会读书写文章而不会说话。这种弊病，有着三个重要的原因：一是旧时文言并不一致，读书是读书，说话是说话，学校里只知道咀嚼古人的文字，没有人研究时人所说的话，所以"之""乎""者""也"虽然用得十分好，可是"柴""米""油""盐"的家常话还是说不来，所说的"书痴"便是这种样子的；二是由于读书人对于辩论很是轻视，所谓"舌辩之士""苏张之徒"，那是儒雅的君子所不乐为的。孟子虽然常常和人家辩难，他还得要说："余岂好辩哉，余亦不得已也。"大家把这"辩"字看作好像是一个不干净的东西一般的，非到万不得已，不敢沾染了的。这种风尚愈传愈甚，再加以错解了"巧言令色鲜矣仁"这类的话，对于辩论术不但不敢彻底地研究，并且竟提都不敢提及；三是社会上不需要口才，像春秋战国的时候，一般游说之士，全靠了三寸不烂之舌去说合诸侯，所以那时的辩论术还算发达的。到了后世，只要文章诗赋做得好，就可以做官食禄，而且又没有什么集会、结社以及选举等事，无处用到口才，因此演说辩论，也就没有人去研究。因为有这三个原因，于是几千年来研究文学的书就汗牛充栋，研究讲话的书就不容易找到一本，说话的技术，也就日趋日下了。

第三，我国人事事主张退让，终以少管闲事、少惹是非为妙，因此真理泯没，是非颠倒，也就很少有人去管它了。有些人心里明明知道是应该怎样的，不过因为和人家去辩难，这是一件十分讨厌的事，因此退一步就算了，自己甘心屈服，让人家去占优胜；有些人心里也明明知道是应该怎样的，但是他以为真者自真、伪者自伪，尽管他人怎样的会说，尽管他人能够以辞乱理，但对真理是依然无损的，我何必要和他去争辩呢？这种没有争论的精神，使得国家的政治和学术上受到了不小的影响。

第四，我国文人，向来只是读四书，什么国家社会、什么世界国际，一概置之不理，因此对于常识方面很是缺乏。因为缺乏常识的缘故，所以对人辩论就感到讨厌，就自己甘心退一步了。

一　不要使人家的心里先存一个"不"字

"一滴蜜所能捉得的苍蝇，比一加仑毒汁所捉得的苍蝇还要多。"这是一句真切的话。你和人家辩难，你要使你所说的话在人家的脑子里并不起一个"不"字的感想，那你就获得了胜利。因为，你是用蜜去捕捉苍蝇了。有很多的人，在和人辩难的时候，一开头便很鲁莽地发表了一些极易引起人家争吵的言论，一下便声明了他的主张，并说明他的主张是那样坚决，没有一些可以改变的余地，要人家完全抛弃了自己的主张而来赞成他的意见，结果，这争辩常常会弄得不欢而散，没有一个人被他说服了。从前，在开会的时候，往往讨论问题，问题还不曾解决，砚台和墨盒就飞了起来，终于无法使意见和他相左的人对他有所同情，这便是在开头的时候使人心里先存下了一个"不"字的缘故。

你要明白，你一开口就惹恼了人家，这是一个绝大的错误。他们的眼睛虽然对你注视着，然而，他们紧闭着的嘴，暗暗地已在牙齿后面说着："不！不！不！"这一个"不"字的反应，那是一种最难克服的障碍。因为当一个人说出"不"字的时候，所有他的自尊心都需要他坚持到底；也许后来他自觉那个"不"字是错误的，然而，他的自尊心却不允许他改变过来。他已经说出了，他就只好坚持到底了。

我们开头和人家辩难，就得使人家对你往顺的方面去想，那是极端重要的。善于辩论的人，开头获得了人家许多"是"的反应，使对方的心理顺序，顺势地向前移动。到了后来，对方即使要说出"不"来也就无法可说了。

在战国的时候，有一位好勇善斗的国君，有一天看见一位宣传仁义的说客走过来，那国君的心里早已存了不要听的念头，所以不待他开口便先说道："我是主张强兵的，我不愿意听那孔墨的道理。"那位说客，立刻回答说："是的，我今天来对你谈谈强兵的道理。现在我有一种方法，可以使你的邻国各个怕你而不敢来侵犯你，你觉得怎样？"国君说："好的。"他又说："但是，你要知道，邻国不过是怕你而不敢来侵犯你，他们并不是不想侵犯你。我有一种方法，不但可以使他们对你怕而不敢来侵犯，而且他们竟也不想来对你侵犯，这话你要听吗？"国君又说："好的。"他再说："可是，他们即使不想来侵犯你了，但他们并不来爱你。我有一种方法，能驱使他们各个来爱你，那么，你就可以高枕无忧了，这话你要听吗？"那位国君又说了一声："好的。"于是他又说道："那么，大王，请你还是行孔丘和墨翟的仁爱，因为你行了仁爱，人家受到了你的恩惠，人家自然会爱你了。人家对你有了爱，那还会对你发生战争吗？你到了那时，不是可以高枕无忧了吗？"

上面的故事中的说客，便是使对方的心里先存了一个"是"

字，于是顺势下去，因此使他获得了胜利。所以，我们和人家辩难，开头的时候不要使人家的心里存了一个"不"字，这是十分重要的。

在心理学上是十分明显的，当一个人说"不"字的时候，而且他的本意确实如此，在心理和生理上比讲其他的任何字所费的力都要大。他的全身组织——内分泌腺、神经和肌肉——都收缩在一起成为拒绝的状态。整个脑细胞的组织，都准备好了拒绝接受。反过来，当一个人在说"是"字的时候，他也是丝毫没有退守的作用的，身体上的组织是向前进的，是起了准备接受的开放状态的。因此，在开头的时候，如果我们能使人家在心里多多收获几个"是"字，我们的建议，便容易博得人家的注意，于是我们的辩难，便也容易得到胜利。

这个"是"的反应，本来是一种极简单的技巧，可是，大多数的人都把它忽略了。一般的人，开头辩难的时候，总是要使自己的意见和别人相反，那才显出了他的主张的重要和高贵来。一位激烈分子和一位守旧派谈论一件事情，他立刻会使这位守旧的人发怒。事实上，他使人家发怒了，对他有了什么好处呢？如果他仅仅只想把人家惹急一下，他自己便可以觉得心里舒服的话，那就不必说了。但是，如果他要想完成一些什么的话，他这样干真是可以称之为笨蛋了。

我们在开口的时候，先使人家的内心存了一个"不"字，那么，你将费尽了神仙的智慧和忍耐，那才能把人家否定的意见改变过来。我们为什么不当心一些从容易的方面着手，反而去走不容易走的路呢？

我们怎样在开头的时候就去获得所希望的"是"的反应呢？这是十分简单的。林肯曾经说过："我一开始就能获得辩论胜利的方法，就是首先找出一个对方所赞成的共同的立场。"前面所举的故事，我们可以证明林肯所说的这句话的价值。林肯甚至在讲那极易惹起人家愤怒的解放奴隶的问题的时候，他也是用着这一个诀窍的。那时有一份中立的《镜报》，记载着关于林肯演讲解放奴隶的事件，报中写道："在前半个钟点之内，林肯所讲的，差不多每一字、每一句对方是没有不同意的，到了后来，他慢慢地把他们引导着，一直到他完全把对方的心抓在自己的掌握之中。"真的，这是与人辩难而获取胜利的一个必要的条件。

二　不要攻击人家的短处

说道人家的短处，这是最易惹起人家的恶感的，而且也越出了辩难的问题之外，使辩难不能得到结果，这是辩难中最犯忌的。比方，对方所说，引证的书籍弄错了，明明这是载在《易经》上的，他却说是载在《孟子》上；明明这句话是托尔斯泰说的，他偏要说是希特勒所讲的。这种错误，在说者说的时候并不觉得，也许在说过以后，不待人家来指正，他自己就知道是说错了，这是常有的事。然而，辩难的对方，并不从事理方面去着想，他捉住了人家这一点的错误而向人家做严厉的攻击，使得人家异常难过；他还要说："因为对方的引证错误，足见对方的学问不足，认识浅陋，所以对于这一件事理，可以证明他是完全错误的。"这简直不是辩难，而是在向人寻事了，结果人家为了自己的尊严，也要起来自卫，也要攻击对方，于是便成了人与人的攻击，越出了辩难的范围了。

还有，为了一个问题的辩难，竟然涉及到对方的人格，这更是不对了。去年，由于新文化运动的发展，我国的新剧运动随着五四运动的潮流也蓬勃起来，上海的一位艺人汪优游，他首先起来响应，在新舞台开始排演《华伦夫人之职业》。因为这个剧本是外国剧本，内中的剧情，当然有许多不大适合我国国情的地方，所以他一面把剧本略略地修改了些，人名、地名都我国化了，一面再把剧本的名字也改为《华奶奶的职业》。此剧演出之后，自然有了很多的批评，但是，批评剧本的情节，批评剧本改编的地方是否妥当，批评演员表演的是否恰到好处，这是合理的；当时有人曾批评到汪优游个人的人格，说他过去是一个怎样的人，我们就可以知道这是错误的；因为剧的演出是一件事，汪优游的本人又是一件事，把这两件事并作一件事来讲，根本就是不适当的。而且，很容易转移了目标，把评剧的问题，搞得变成了评人的问题了，这样便把辩难的中心思想失去了。

我国古代有句格言，叫作"静坐常思己过，闲谈莫论人非"。人是每一个都有着他的尊严的，而且谁都对他的尊严要出全力来维护。你在闲谈的时候，私下论人长短，人不知道则已，如果知道了当然要对你大不满意。和人家辩难，越出了辩论的中心问题而去论到人家的短处，或者竟然谈到人家的私德上去，这不是对人家当面予以极大的侮辱吗？这样，怎会不使人家和你发生冲突呢？有一种报纸，它极喜欢刊登要人或名人的私德问题，在编者以为这种材料是极能引起读者兴趣的，然而在识者总是认为不对的。所以，这种报纸到底不能成为一种有价值的报纸，到底是一种小报，只能供人无聊消遣而已。我们与人辩难，必须要保持自己高尚的品格，我不去攻击人家的短处，人家当然也来尊重我的人格；"敬人者人恒敬之"，我要使人家对我尊敬，我当然先得对人家尊敬，这是我们在辩难的时候极须注意的。

三　语句要有力

同样两个人在讲话，一个讲得可以使听众的情绪紧张起来，使一件不大被人注意的事说得大家都注意了；另一个则不然，本来是一个严重的问题，在他未说之前，听众的情绪已经有了相当的紧张，可是被他一说，反而把紧张的情绪松弛了，或者竟把听众引进了睡乡。这究竟是什么缘故呢？这无非是一个所说，语句有力，另一个所说，语句无力而已。

怎样说话，才能使语句有力呢？这问题的回答，就是要请你注意下面所说的几个条件：第一，你应该少说道歉的话。我国古来有句话，叫作"谦，美德也，过谦者怀诈"。我们对人家说话，谦虚是应该有的，因为你的谦虚，人家才会和你多多地接近。可是，你过分地谦虚了，你的谦虚便失去了价值，而且人家也不相信你了。一位演说家，当他登台之后，便对听众说道："诸君，真是很对不起，今天我所讲的题目，不是我自己选定的，我对这题目中的问题并没有多大的研究，而且也没有充分的准备，所以今天所讲，我自己也知道是没有什么价值的，讲得不好，也是一定的。诸君中不乏饱学之士，对我所讲，如有不对之处，还请与我相当的原谅，那就感激不尽了。"我们想，如果一位演讲者对人家这样的讲着，在他自己是谦虚，可是他自己都不能相信自己，又如何叫人家再来相信他呢？因为他自己说是没有研究和没有准备，那么，听众本来有着很紧张的情绪准备听他的，现在这紧张的情绪，不免也就松弛了下来。所以，我们要使我们的说话有力，谦虚的语句应该少讲。但是，这并不是不要讲，因为讲得不当，反而使自己所讲的语句变成无力的。我们和人家辩难，语句尤其要有力，那么，谦虚的说话，老实说可以不要。

第二，你的态度应该要诚恳。"至诚足以感人"，这是我国的一句老话。你要说出有力的话语，你就可以打动人家的内心，可以使人家情愿来赞同你的主张；但是，你必须要有诚恳的态度，方能达到这一个目的。一个人嘴里怎么说都可以，若你是口是心非的，你所说的话便不会有力量。

在前面的第二章里，我们已经讲过，林肯为一位阵亡将士的妻室的抚恤金被扣而上法庭，为该老寡妇辩护的故事。如果林肯的辩护，不是有力，便不会获得了胜利；如果林肯的辩词不诚恳，便也不会有力。所以要使自己的语句有力，必须自己的态度要诚恳。换句话说，就是现在我为某一个问题而和人家辩难，我必须要对这问题十分忠诚，我对这问题自己必须先要有一种信仰，这样，我的所说，每句话自然着有力量了。

四 拿出真实的凭据来

你花了九牛二虎之力和人家争辩，你是吃力而不讨好的。聪明的人，他是无论如何不肯这样干的。因为，你去和人家争辩，只有更增加了人家的倔强，不会改变了心情而来同意你的。在开头的时候，你应该向人家表示同情，使人家和你共同站在一条线上，然后你再举出事实来，也不必争辩，你自然是得到了胜利了。莎士比亚有名的作品《凯撒大帝》，内中有一段讲到马克·安东尼在凯撒大帝的葬礼上的演说，那是一个绝好的例子：

在当时，凯撒大帝是一个罗马的独裁者，所以他的政敌都对他妒忌，都企图把他推倒而使之毁灭。把他所控制的大权完全夺到自己的手中，这是自然而又难免的趋势。于是就在布鲁塔斯和贾苏斯的领导之下，共有二十三个人联合在一起把凯撒大帝刺死了，因为马克·安东尼曾任凯撒大帝的国务大官，他是一个十分漂亮的人物，他又是一位有力的演说大家，他在国家政治方面，是完全可以代表政府的，所以凯撒大帝把他倚之为左右手，那是毫不为奇的。现在，凯撒大帝已经被杀了，那些暴徒们应该怎样去对待安东尼呢？把他除掉？也把他杀死？可是，血已经流得够多了，不必再把他当作牺牲品了吧！为什么不把他拉到自己的阵线上来，利用他巨大的势力和动人的口才来做他们自己的保障，并且完成他们自身的利益呢？这种论调，好像是十分妥善，十分有利于他们。于是，他们去

试办了。他们找到了安东尼，但是安东尼并不一口答允。因为他们
要利用安东尼，所以允许了安东尼对这位几乎统治了全世界的人物
的尸体来"说几句话"。

安东尼走上了古罗马市场的演讲台，被刺死的凯撒大帝的尸
体就躺在他的前面，疯了一般的群众，大家声势汹汹地怒视着安东
尼，恨不得把安东尼立刻也拖下讲台来杀死。他们大家对那杀人凶
犯的布鲁塔斯和贾苏斯却表示着同情。安东尼的目的，是要把群众
对这杀人凶犯的崇敬变为极度愤恨，他要煽动平民暴动起来杀掉那
些凶犯。然而，在这种局面之下，这是何等困难的事呢！可是他居
然达到了他的目的。

安东尼举起了双手，喧哗的声音渐渐地止息了，他开始演讲
了。他对布鲁塔斯和其他的杀人凶犯先来恭维一下。他说：

"因为布鲁塔斯是一位有荣誉的人。他们的确是的，都是有荣誉
的人们。"

他并不争辩，慢慢地、小心地，提出了几种关于凯撒大帝的
事迹，告诉他们，凯撒大帝怎样去用俘虏们赎身的身价来充实了国
库。安东尼提出事实来，拿出问题向群众们问着，让群众们自己去
下结论。他所提出的证据，并不是新的，完全是群众们在那时忽然
忘掉了的。他用着魔术一般的口吻，打动了群众们的情绪，激起了
他们的感情，引起了他们的怜悯，燃烧起了他们的愤怒。他的雄辩
和机智的杰作，就在这里充分地表现出来了。(《凯撒大帝》，商务
印书馆有译本，译者为曹未风。关于安东尼的演说词很长，为省篇
幅，此地不再引用全文，读者如要一读，请直接去读该书可也。)

从这一则故事上，我们就可以知道搬出以往的事实来做凭据，这是辩难中获取胜利的一个最好的方法。"事实胜于雄辩"，这句话是不错的，你何必去花了九牛二虎之力涨红了脸去和人家辩难，你应该搜集有力的凭据而让人家自己去下判断，这是轻而易举地获取胜利的一个方法。

五　找出一个共同点来讨论

和人家气势汹汹地辩难，这是一种近乎不正当的行为，只有增加人家的倔强，不易使我获取胜利。威尔逊总统说："凡是交涉的问题，如果你紧握了两个拳头而来，我会把拳头握得比你更紧一些；如果你很和善地走来说：'让我们坐下来商议一下吧，要是我们的意见不同，我们可以研究一下不同的原因是什么，主要的矛盾在哪里？'这样，我们商谈下来，大家的意见是不会相差得很远的，只要我们彼此有耐心，肯诚意地去接近，就是相差的一点，也不难完全解决了的。"戴尔·卡耐基说："最佳的辩论好像是解说。"真的，我们与其涨红了脸去和人家辩难，我们为什么不用解说的态度、商讨的方法去解决呢？所以，我们即使和人家辩难了，请你还得要平和静气，去找出共同点来商讨，切不可紧握了拳头，这是要注意的。

你和人家辩难，开头应讲一些你和所有的听众都同意的事，然后再提出听众所乐于得到解答的一些合适的问题，那不是有益得多吗？你提出了问题之后，再去和听众共同探讨着答案，就在这探讨之中，你把你观察得十分清楚的事实提示出来，那听众便会不自觉地被引导去接受你的结论。他们会对你十分坚信，因为他们觉得这些重要的见解是他们自己所发现的。

任何冲突的意见，不论双方的意见是怎样的严重和远离，我们总可以找出一些共同之点来让大家讨论的。甚至银行家的领袖，他在国内银行学会开会之中去演讲或是辩论，他也可以寻出一些双方相同的信条以及听众共有的相同的希望来的。这句话你不相信吗？你不妨看看下面的举例：

贫穷向来是社会上最残酷的问题之一。我国人，常常感觉到我们的责任是不论在什么地方、什么时候，只要是可能的话，便去解救穷人们的痛苦。我们是一个慷慨的国家，在历史上，我们并不能找出别的民族也和我们一样慷慨而不自私的捐钱去扶助那些不幸的人们。现在，让我们和过去一样，保持着心情上的慷慨和精神上的不自私来一同研究一下我们工业界的生活情况，并看看我们是否可以找出一些公平正当且为各方都接受的办法，去防止并减轻那些穷困的罪恶。

上面这一大段话，有谁能够加以反对呢？就是作为银行家领袖的摩根，他也是点头同意的。我们在人家点头同意之后，然后再慢慢地把人家引到我的主张上，我自己并不脸红势盛，然而我获得了胜利。这一个辩难的机智，我们是应该采取的。

六　正面辩难不如侧面进击

和人家辩难的方式很多，但是，应用侧面的进击，实在比正面的辩难易于收功见效。因为正面的辩难，便是向人家当面挑斗，人家是准备要向你反对的。你用了侧面的方法，表面上好像是并不挑斗，所以并不准备着向你反对。待到后来观察到你的攻击，即使立刻回头来向你反对，然而，因为没有准备的缘故，说不定受了你致命的打击，他就得到完全的失败了。

侧面的进击是怎样的呢？现在，不妨举几个例子说明一下：

威王八年，楚大发兵加齐。齐王使淳于髡之赵请救兵，赍金百斤，车马十驷。淳于髡仰天大笑，冠缨索绝。王曰："先生少之乎？"髡曰："何敢！"王曰："笑岂有说乎？"髡曰："今者臣从东方来，见道旁有禳田者，操一豚蹄，酒一盂，祝曰：'瓯窭满篝，污邪满车。五谷蕃熟，穰穰满家。'臣见其所持者狭而所欲者奢，故笑之。"于是齐威王乃益赍黄金千溢，白璧十双，车马百驷。

如果淳于髡对齐威王说："太少了，你送这一些礼物，哪里在人家的眼睛里！"那么，齐威王即使把礼物增加了，恐怕心里也不大高兴的。淳于髡用侧面的话一说，不必请求他增，他自然会增益了，这便是一种说话的艺术。

优孟见到楚庄王，说孙叔敖的儿子贫得不堪，这句话楚庄王未见得能够十分注意。后来，优孟化装成孙叔敖去见楚庄王，因为楚庄王是很怀念孙叔敖的，以为孙叔敖复生了，想叫他做丞相。优孟说："可以的，让我回去与妻商议一下，三天后再来接任。"庄王也答应了。过了三天，优孟又来。庄王问他的妻怎么说，他说："妻言不必，楚国的丞相是不好做的，像孙叔敖，尽忠廉洁，因而能够使楚国称霸，可是，他死了以后，他的儿子竟是穷得没有立锥之地，天天在做樵夫维持生活。如果要像孙叔敖似的，倒还不如自杀了较为良好。"

这里所举的两例，虽然不是在辩难，然而，我们也可以看到从侧面说话的有利了。关于这类的故事，我国古代是很多的，如果我们把《战国策》拿来读一下，可以知道中间有不少的辩难的例子呢。

七　有信心

辩难是双方的语言交流，在不同的场合应该有不同的方法，比如：只有两个人的范围；只有几个人的小范围；有众多听众的大范围。只有两个人时，可以采用委婉的语言，以规劝的方式为好；在几个人的小范围时，把规劝和驳斥相结合为好，也要给对方留面子；在大范围时，以驳斥为主，当然语言可以委婉，也可以幽默，因为有众多的听众，自信心在此时显得格外重要。

有些问题容易弄得清楚，有些问题一时很难辩论清楚，如果你有充足的自信心，在言谈话语中，在语调上、在措辞上、在气势上、在体态上，甚至在服饰上，如果都能显示出自信心，听众就会对你有好感，你的谈话他们会爱听，会更多的去加以思考。如果你上面六点都实现得很好的话，这无疑对你辩难取得胜利是非常有帮助的。相反，从一进场你就有些萎靡不振，也许你没睡好觉，也许你没准备好，也许你不舒服，这种情况下，你最好取消辩难，因为，你首先就给人一个不自信的样子。如果你非要参加辩难，你必须迅速调节自己，虽说不能像一头好斗的雄狮，也必须意气风发、斗志昂扬，显示出一股必胜的气势，这样听众才对你有信心。

如果在辩难中你还不能很好地振作起来，不能给听众以良好的感觉和信心，尽管你在辩难，也许你的论点是对的，也许你辩难的方法还是正确的，你也很难取得辩难的胜利或者是旗鼓相当的结局，或者你就失败了。本来今天这个论题你是对的，应该取得胜利，怎么会成这种结果呢？因为，从一进门，你就给听众不自信的印象，辩论中听众仍感到你不自信，听众只好把心思转移到对方辩难上，对对方产生好感，努力听对方的观点，在听众的心目中你早已失败了。所以，自信心在辩难过程中是至关重要的，是一种无形的力量，从某种角度来说，是辩难取胜的关键所在。

八　辩难的方法

辩难，用现在的语言表示就是"辩论"，是有方法可寻的。要想有效地进行反驳，必须做到三点：

1．要正确地引出辩论对手的话；

2．要明确地指出对手的话错在哪里，不能有丝毫的含糊；

3．要说明对方谬误的危害或严重后果。

这三点是反驳过程，有两条反驳途径：一条是破坏性反驳途径；一条是建设性反驳途径。破坏性反驳途径就是破坏对方论据或论证的真实性、有效性或意义；建设性反驳途径并不直接毁坏对方的论据和论证，而是设法证明你与对方完全相反观点的成立。

反驳时，可反驳对方的论点、论据和论证方式，也可结合起来同时进行反驳。应当注意的是，驳倒对方的论证方法并不表明就驳倒了对方的论题；同样，驳倒了对方的论证方式，也不等于驳倒了对方的论题。也许是对方的逻辑上出了问题，也许是论据推不出论题。这部分主要谈论的是你到底要驳斥什么，必须十分明确。那么，怎么驳斥呢？有几种类型可依：第一种是演绎反驳，就是应用演绎推理的形式进行反驳；第二种是归纳反驳，是根据一系列具体事实驳斥对方的论题和论据；第三种是直接反驳，是引用真实判断直接指出对方论题虚假，比如指出与对方相反的事实以证明对方的论点是错误的，或由对方的论题推出一个或一些结论来，证明它与事实或常理相违背；第四种是间接反驳，先证明对方论点的方法判断和反对判断是真实的，然后根据矛盾律推出对方论题是虚假的。反驳是论证的特殊形式，需要遵守论证的规则。

第七章　怎样说规劝人家的话

　　谁都不肯承认自己是坏人。《水浒》上梁山泊的英雄好汉，他们明明是杀人放火、打家劫舍的强盗，然而他们偏要挂起"替天行道"的大旗，说什么"劫富济贫"的好听话。美国无恶不作、杀人如麻的强盗葛洛莱，当他被判死刑而临死的时候，他还要大喊冤枉。天下的人，大都只有见到人家的不好而没有见到自己的不好的；天下的人，也只愿听人家的不对而不愿听自己的不对。你对人说着称赞的话，听者可以眉飞色舞，扬扬得意地对你十分高兴；你如果说着训诫或是劝导的话，听者大都要掩耳而走。所谓"闻过则喜"，恐怕只是理想的人物而已。

　　因为人们的心理，大都是这样的，所以我们说着规劝人家的话，大都是"忠言逆耳"的。我们直直爽爽地去规劝人家，决不会达到目的，我们必须用一种方法，明明是说着不易入耳的规劝话，但是听者可以甘心地领受，仿佛一种苦味的良药，人家大都不爱吃，但是为了叫人易于入口，而在药水中加入糖浆，药丸、药片的面上裹着糖衣。方法的种类很多，现在叙述一些在下面。

一　先赞誉后劝导

这仿佛是一种苦味的药丸，外面裹着糖衣，使人吃到嘴里先感觉到可口的甜味，容易一口吞下肚子去。于是，药物进入胃肠，药性发生效用，疾病也就医治好了。我们要对人说规劝的话，在未说之前，先来给人家一番赞誉，使人先尝一些甜，然后你再说上规劝的话，人家也就容易接受了。

鸿斌商店经理，有一天对他的一位女打字员说："你今天穿了这样一套漂亮的衣服，更显出了你的美丽来。"那位女打字员突然听到了经理对她这样的称誉，受宠若惊，脸都红了起来。经理于是再接下去说道："可是，我要告诉你，我说这句话的目的是要使你的心里高兴，我希望你以后打字的时候，对于标点应该要特别注意一些才好。"

经理这样的说法，虽然未免太露骨一些，然而，他这一种方法，还是值得我们仿效的。因为，他如果爽直地告诉女打字员，叫她对于标点要特别的注意，她心里就要感觉到今天受了经理的责备，这是十分羞愧的。她也许会好几天心里不愉快，她也许要为她自己辩护，说她自己是很小心的，因为原稿上有着错误或是不清楚，所以她是不能负这错误的全部责任的。这一来，经理的规劝是失败了，并且还有可能会遭受到一些不快呢。

一家建筑公司，替一家电影院建造一所新屋。双方订立合同，限定日期必须要建筑完成，然后开张营业。如果到期还没有竣工，建筑公司必须承担损失的赔偿，每天是二千元，按日计算。起初，工作进行得很是顺利，预料比限期可以早半个月竣工的，所以建筑公司十分坦然。后来，想不到装配铜质零件的那家商店耽误了日期，以致工作无法进行。眼看限期已经迫在眉睫，建筑公司依照合同应该负担相当的损失赔偿，所以老板焦急得厉害。老板打了不知多少次的电话去向那家商店交涉，可是终无结果，不得已，只好派一位人员去当面交涉了。

建筑公司派去的人员，走进那家商店，碰到了经理先生，首先就问："在这本地，像先生你这样的姓氏是否只有你一家？"那位经理先生听了这样一句突然的问话，很惊奇地说道："什么？是真的吗？你怎么知道的？"他说道："是的，这是我今天早上想要到你这里来的时候从电话簿上看出来的。"经理先生被好奇心打动了，随手把电话簿翻开来检视，果然不错，于是很高兴地说道："啊，这我还是第一次知道呢！如果不是你告诉我，我还不知道这有趣的事呢！我的姓氏本来是很少的，我的祖先从前住在某处，那里我们同姓的人家本也不多，现在我搬到此地来营业，还不到二十年呢！"接着，他再赞美那位经理先生的商店布置优美、业务发达，工厂的规模宏大、出品精良，认为是他所见过的铸铜工厂中最大的一个。那经理先生听了他的话更是乐不可言，因此再请他到厂中去参观一下，并且向他解释各种机器的优点价值，最后还邀他一同去吃午餐。他一直不提他的来意，因为经理先生是早已知道了的。他知道自己提出来，经理先生一定要设辞推托，所以老是只字不提。饭后，经理先生忽然自己先开口说道："你今天的来意，我是早已知道了，想不到你竟这样的待我宽容和气。现在，我决计暂时把别处的定货搁置一下，竭力替你尽速地赶制，请你放心好了。"真的，不久，那些铜质零件全部送到，建筑公司终于没有因为误期而受到损失。

在这里，我们就可以知道开头赞誉人家是怎样的有效了。假使建筑公司派去交涉的人员性情暴躁，见到经理先生当面严声斥责，告诉他这样的耽误人家，在他的公司方面是会因合同关系而要赔偿人家受到的损失的，以后公司方面也只好向别家去定货，不敢再请教了。那么，我们就可以来猜想一下，那位经理先生想，你们的生意以后也完了，何必再客气呢！他也板起了面孔说道："你对人家订立合同，我没有和你订立合同啊，你要受损失的赔偿，这干我什么事！我厂里的工作很忙，我对人家的定货也是有合同的，延误了期限我也要承担损失的赔偿啊！你如等不得，那你不妨到别家去定货好了！我又不专靠你们一家的生意。"这样，两方面弄得不欢而散，那家建筑公司如仍旧要他的货的话，他必定要有意地再延迟一下了；不要他的货而到别家去再定，恐怕也不会马上为你赶出来，结果还是要延误竣工的日期而受到损失的。

社会上却也有很多的人知道性情暴躁而把人家斥责的不对，所以他就改用了爽直的话去劝说。比方，我们假定那家建筑公司所派去交涉的人员，他见到经理先生就说道："对不起，经理先生，请你们帮帮忙，我们和人家订立着合同，逾期竣工是要受相当的损失赔偿的，现在我们一切都好了，只等着你的货物了，你快些代我们赶制一下如何？"那位经理先生当然也会和颜悦色地回答你，说道："现在工作正忙不过来，请你原谅，我过几天一定为你赶制出来好了。"可是经理先生口头这样地答允了，过几天真会为你赶制吗？所以，你要劝说人家，开头是不能不用一些蜜的。

二　没有人爱听命令的

上面所说假定那家建筑公司所派去的交涉人员，用了爽直的口气，去劝那铸铜厂的经理赶快为他们制货，那位经理先生为什么只是口头敷衍而并不为之赶制呢？理由是十分简单的，就是没有人爱听命令的。

一位学校里的教员，拿了好几张讲义请书记先生缮写，他用着命令的口气，说什么时候要使用的，赶快地为他缮写。那书记先生真会赶快地立刻就替他缮写吗？他一定要说："啊，真是忙得很，某先生的什么讲义是什么时候要用的，他已经交给我好几天了，我还没有动手呢！先生的讲义什么时候要用，这恐怕是来不及的了。"其实，说不定某先生的讲义他早已写好了，他的工作只有手头的一些，他所以要这样说，也无非是不愿听人家的命令而已。我在学校里当教员，碰到要请求书记先生缮写讲义的时候，总是对书记先生这么说："你很忙吧，我又要来烦劳你了！我这几张讲义想在哪一天要的，不知你能否为我赶一下？万一来不及的话，那么，少写一两页也不要紧的。对不起，请你帮帮忙！"书记先生听了这一套，他心里很是高兴，他对我的讲义，从不耽误。万一他真是忙不过来的时候，待到我要用的时候，多少终是有一些的，而且他还先来告诉我，说是太忙了来不及写好，先拿这些去用吧，还有的再赶写出来。有人不明白这一个道理，曾经对我说，书记先生缮写讲义，这是他应有的工作，用不着这样客气的口吻的。我对他说："我这样说在我并没有什么损失，可是书记先生的心里便十分高兴了。一架机器，你要它转动灵活，你必须要去加上一些油的，我对书记先生的这套话，正是一种加油的方法啊！"

现在我再举一例来说说：

有一年的暑假里，一个暑期学校所请的书记，缮写的讲义很不清楚，所以请我的一位朋友去帮忙。午饭刚毕，我那朋友正拿了日报在阅读，有一位先生拿了几页讲义，用着命令的口气，说是下午一点钟上课要用的。我那朋友听了很不高兴，立刻回答他："没有办法，两点钟要用也来不及的。"那位先生还是不识相地说道："现在你就写一写好了！"我那朋友瞧都不瞧他便说道："办公时间还没有到。你吃了饭要休息，人家不要休息的吗？"结果，那位先生的讲义不但没有写成功，而且当面还讨了没趣。

德国的文人杨欧文先生，他是很懂得这个道理的。据说他从不使用命令的口吻向人家说话。他要人家遵照了他的意思去做的时候，总是用着商量的口气的。譬如人家说："我要你这样那样的做。"

他就不是这么说，用着商量的口气说道："你看这样做好不好呢？"假使他要他的书记写一封信，他把大意讲了以后，再要问一下："你看这样的写法是不是妥善？"待到书记写好，他看了要有修改的地方，他又说道："如果这样写，你看怎样？"他虽然站在发号施令的地位，可是他懂得人家是不爱听命令的，所以不应当用命令的口气。

假使在一个盛夏的中午，一群工人正憩息着，一位工头走上去把大家臭骂一顿，说拿了工钱坐着不做工是不对的。工人们畏惧着工头，当然立刻站起来去工作了。可是当工头一走，他们便又停工了。这是一定的。如果那位工头走上去和颜悦色地说道："天气真热，坐着休息还不断地流汗，这怎么办呢！朋友，现在这一件工作很要紧了，我们忍耐一下来赶一赶好吗？我们早早赶好了，早早回去洗一个澡休息怎么样？"我想，工人们当然一声不响地忍着热去工作了。

从上面的例子我们就可以知道了，对人家用命令式的人是傻子，规劝人家的话，最好是要用商量的口气的。

三 要给人家留些面子

当面指摘人家，这是当面使人难堪，谁都爱自己的面子，所以谁都不甘受人当面的指摘。"人非圣贤，孰能无过。"然而有了错误，多方遮掩，这也是人之常情。人家要把他的过失遮掩，我却来把人家的过失暴露，这是谁都要恼怒的。我们要规劝人家，所以与其当着众人之面向之规劝，还不如只有他一个人的时候来向之规劝；因为人人都是要面子的，当众规劝，就是当众指摘人家的错误，当众损人家的面子；只有他一人的时候向他劝说，虽然他知道错误被人捉到，面子很有关系，但因知道的人只有你我两人，面子还不致怎样的大损，心里也就舒服了许多，也就容易接受了你的劝告。两人在一室之中发生冲突，被人辱骂，甚至破坏名誉地辱骂，人家心里当然不高兴，也会用同样的态度来回敬你，但事态不致闹大。如果你在报纸上辱骂人家，这就是当众损人家的面子，人家就要向你提出法律诉讼来了。所以，我们向人家规劝，终得要顾全人家的面子，这是最要紧的事。

土耳其的建国元勋凯末尔，为着求土耳其的独立，他亲自统领大军，身先士卒，进出沙场之中，终于获得了大胜，使土耳其国达到了独立的目的。当时有两个敌军的败将，被迫到凯末尔的司令部去请降。他们沿途备受着土耳其民众的辱骂。可是，他们和凯末尔将军会见之后，凯末尔竟一无骄傲轻视的态度，反而上前去握手问好，并且很谦逊地说："胜败原是兵家的常事，有许多的名将，碰到运气不好，往往很容易吃一场败仗的，所以请两位不要悲伤。"这就是凯末尔不愿意使人难堪，给人家保留面子的一种手段。"己所不欲，勿施于人。"这是古圣人的明训，我们在劝导人家之前，自己须得先来想一下，假如人家对我这样劝导，我当怎样？我们这样一想之后，就知道当众的指斥很不高明，就是两人在一室之内，没有第三者在前你却爽直地指出他的错误而向他规劝，他还是不大甘心的。所以，我们即使不是当了众人之面，但是规劝的言辞，也得委婉，务使对方不致难堪，这才能真正地达到了规劝的目的。

有一天，学校里的日报，一大清早被一个学生剪毁，使大家不能阅读了。因为那个剪毁的学生，我对他负有训育的责任，所以特地叫他走进我的房中。我先来向他奖励一番，说他热心阅读报纸，并且再举出不少从报纸杂志上得到学问的名人，还讲着阅读报纸、把报纸上良好的材料剪下来，用了图书分类的方法黏贴起来，这也是阅读书报的一种做笔记的方法，将来翻检查看，大有用处。说得他心里很是高兴，然后再对他说："你的剪报，最好自己买报来剪，学校里公共的报纸，被你这样一剪，有许多人就无法看了，这虽然对你自己的学问有益，但对人家是有损的，所以这也有些美中不足的地方。"我这样一说，他立刻自认行为不当，立刻自愿去买还一份日报。

我并不自夸这样的规劝得到了怎样的成功，然而，没有失败，这是谁都承认的吧！

四　自己来负担错误

叫人家要改正错误，这是人家不乐意接受的。如果我们用了婉转的口气，把错误的责任自己来负担，那么，人家就很容易接受了你的劝告，立刻把错误改正了。比方，一家公司里的打字员，打出的文件，有很多的错误，经理先生当面去严辞斥责，她必定心里很不高兴。如果经理先生一面去称许她工作的认真、做事的勤敏，然后再说到她所打的文件上有些错误，这大概是自己发下的稿子不清楚或者是自己错了。你再告诉她叫她以后碰到稿件上如果不大清楚或者有可疑的地方，不妨提出来询问一下就好了。这样，那位打字员知道经理先生发下来的稿件确是十分清楚，这错误完全在于自己的不小心，现在经理先生不来向她严责，反而自认错误，对她的宽恕，她当然十分的感激。因为经理先生并不使她在众人面前受到了难堪，她以后自然要十分的当心了。

五 用鼓励的方法

鼓励是劝人的一种好方法，你只要向人说起他所具有的一点小优点，那么，蕴藏在他身体内的巨大力量，便也使用出来了。大家都知道对于小孩是要鼓励的，比如小孩不肯吃药，就跟他说吃起药来大口大口的，吃了以后再吃一些糖，这是真乖巧；某人家的小孩，虽然吃起药来也肯听大人的话的，可是还不及他好。这样鼓励着，那小孩就可以很不迟疑的，把药大口地吃下去了。我们不要以为小孩是这样，大人就不是这样的。一个菜贩，挑了一担青菜在街头贩卖，你要他卖的便宜，你就称誉他做生意怎样的公道，售价特别的便宜。你这样说着，他的心里十分高兴，他不愿把你的鼓励立刻丢掉，所以他卖给你的青菜可以特别的多一些。

马戏班里训练兽类，他们懂得鼓励的方法，所以可以使野蛮而难驯的野兽，变得十分驯良。据说他们的训练，就是应用鼓励，如果教某一个动物做某种姿势，做对之后，摸抚、奖誉且喂以美食。这种方法，在几世纪之前已经被一班驯兽员所惯用。可惜这种道理，很少有人领悟而用之于人类，所以在教育方面至今还是有人采用体罚的。

一个人写文章，曾经进步神速，也完全靠着人家的鼓励。我在某学校教国文，有一位学生，据同学们说他的功课是没有一样好的。后来，我发现了他的国文成绩在全班中要算好的，所以大加鼓励，真的，他以后上课，就非常用功，而且对别种功课也同样用功。别的同学，说他只是国文好，其他功课都不行的。结果第一次的月考，他的史地在全班中也占第一。后来，我在他的日记中，发现了他的姑夫在对他大加鼓励。他的姑夫是做丝房生意的，因为赚了五万元钱，所以特地提出二千元来鼓励他，说是考试，第一奖千元，第二奖六百，第三奖四百，第四就分文不得。因为他在学校里，有先生加以鼓励，在家庭里又有姑夫在奖励，这自然使学业的进步十分神速了。

假使，如上述的学校里的学生，如果他的某种功课是被某一位先生称道的，那他某种功课的成绩，一定十分良好；本来他的这门功课的成绩是很好的，可是，换了先生，新的先生称赞别的一名学生的功课而不称赞他的功课了，他的成绩，便会像飞机投掷炸弹一般地突然地掉下来。见到小学校里的先生，对于学生的书法，有的教员密密地加圈，一个字要加上三四个圈；有的教员便不然，难得有一个字加圈，大都是加以杠子，试问这两种教员，他们所希望的成绩，哪一个收效较大？我想不用说，我们是可以自己知道的。

六　用激将的方法

鼓励人家，这是正面的劝导，激将便是反面的劝导。我们向人家作规劝的话，正面的鼓励，正如给人家吃糖一般，使人乐于接受；然而，反面的激将，倒也并不像给人吃药，正如给人家吃酒，使人可以突然兴奋起来。

　　什么时候用鼓励的方法？什么时候用激将的方法？这话不大容易肯定。不过，对于一般人，你用鼓励的方法，你是可以得到效果的；但你对那富有血气的人，你用了激将的方法，更易获得较好的效果。因为每一个人有着他的好胜心，宴会时的吃酒，吃到酩酊大醉，这就是被人激将激成功的。

　　美国钢铁大王卡耐基的著名助手史可柏，在他管理下的某钢厂，每天的出货总是不够定额，因此史可柏就问该厂的主任："这到底是怎么一回事，你是十分能干的，似乎应该有一些很好的成绩。"主任回答说："这我也不知道。我既用了甜言蜜语去劝说工人，也用了严厉的态度去斥责工人，甚至用撤职降级等名词恐吓他们，但都无效。我只觉得他们每一个人像是吃了懒药，不肯勤奋地工作。"那时，日工将完，应该换上夜班时候，史可柏取了一支粉笔，立刻询问立在近旁的一个工人，说是今天做出多少成绩来。那位工人回答说是六个单位，他便一声不响，在地板上用那粉笔写了一个大大的"六"字走了。当那夜班工人上班的时候，见到这一个巨大的"六"字，不知道是什么意思，因此便问日班工人。日班工人为他们解释道："今天工程师到厂中来查工，问起一共做了多少成绩，我们告诉他做了六个单位，因此他就在地板上写了一个大大的'六'字。"第二天早晨，史可柏又来到厂中，看见夜班工人已经把那"六"字擦去，换上了一个大大的"七"字了。日班工人进厂上工的时候，见到了这一个"七"字，心想这明明显示着夜班工人比日班工人能干，因此他们就加紧工作，使自己表示出比夜班工人更为能干。结果，他们的工作，竟做了十个单位，因此他们非常高兴地把地板上的大大的"七"字擦了去，换上了一个特别巨大的"十"字。不久，这一个工厂的产量，超过了其他的任何一家。

人们的心理，都是好胜的，看到人家最高的成绩是多少，我就拼命地努力，准备打破这最高的纪录。在运动会上，这是一件十分显著的事。史可柏懂得这一种心理，所以就来利用这种好胜的心理，使工人努力工作，得到了良好成绩。我们要劝说人家，当奖励和斥责都失去了效力的时候，这激将的方法，那是不妨来用一下的。

在历史上，在社会上，激将的例子多得很，我们俯拾即是。

七　使人不自暴自弃

你要规劝人家上进，切不可把人家上进的路打断了。比方你教一个学生学习日语，他的发音虽然不是很正确，但你应该说他发得不错，虽然有一些小小的不对，只要多读些书，多一些练习，就可以改正过来。要是你对他说，你的音读得大都不正确，你这样的学习，不要说将来使外国人听懂，就是在你个人，也是不会有什么进步的，这样便是把他前进的心思完全打断，他也许会自暴自弃了。本来，他的读音不正确，你的目的就是要规劝他读音正确，然而你用的方法不同，你就使他陷入了自暴自弃的路，这样，比并不向他规劝还要不好。社会上，这种使人陷于自暴自弃的规劝真是多得很。

　　某年的夏天，有人在海南岛的海口市创办了一个游泳场。因为离海口市大约四五里的地方，那里叫作白沙，那里有一段南渡江，深的地方有四五丈，浅的地方只有四五尺，而且江底平坦，沿东岸则浅，沿西岸则深，潮小的时候是淡水，潮涨的时候是海水。那里对会游泳的人和不会而学习的人都是很合适的，所以有人认为那是一个很好的游泳的地方。当游泳场开张以后，学习的人并不多，其中有一位某君，因为被一位教师说了一句"照你这样的学习是学不会的"，于是他以后不再学习了。他说，既然说他学不会，那又何必再学呢！

　　这位某君不再学习游泳，便是被那教员的一句话，阻止了他上进的心思，使他自甘于暴弃了。那位教员所以说那句话，目的也无非是要某君改变学习的态度，以使他达到学习成功的目的；现在，反而使他不再学习，这不是违反了那位教员的初衷了吗？然而，这不能去怪那某君，应该去怪那教员的，因为人大都有着一种好胜心，你应该在他的好胜心上加些油，那才是道理；如果他本来有着一番热心，你向他当头浇下凉水，他的热心受到了这样的刺激，怎不会冷却下去而自暴自弃呢！

　　一个初做小偷的人，被捉住送进了法院，法官在审判的时候对他说，看你这人身强力壮，而且也很聪明，你为什么不去做正当的事而来做这偷窃的行为呢？也许是你一时的错误，我希望你以后改过。因为，今天你做了一件不好的事，成了一个坏人，但是，你明天可以成为一个好人的，只要你肯立志改过。你这样地劝说他，他自然会感觉到什么事不好做，何必做小偷而来丢脸呢？他就改过了。

我在这里可以举出一个很好的例子来：

·

有一天傍晚我正游览上海时，和春明书店里的友人闲谈，忽见店内伙计抓住了一个年轻的学生，努力地拉他进去，别的伙计还在他背上用拳殴打，他却拼命地挣扎而不肯进去，口中轻轻地说着请求的话："对不起，我下次不敢了，请放了我！"可是，他一个人的挣扎，无论如何敌不过几个人的推和拉，终于把他拉进了里面的办公室去。因为办公室的职员大都回家了，所以几个伙计严厉地询问他偷了几次书。他只是颤抖着说是初次，还请求放了他。我为看热闹也走进里面去，因此也问他是做什么生意的。他说他是学生，是某某中学的初中三年级学生。我就问他："某某中学的校长是否就是某先生？"他说："是的。"我说："某先生是很严厉的，我认识他，他如果知道有他的学生在外面做了偷书的勾当，他将怎样地发怒，他势必立刻把那学生开除了。你叫什么名字，你是不是真的是该校的学生？"他说出了他的名字，并且承认确是该校的学生。我又问他既是该校的学生，为什么身上不挂该校的校徽，恐怕是冒充该校的学生吧！他说确实是该校的学生，校徽放在校中，他还是校中的寄宿生。我因此说："那么，我打电话给你的校长，让我问他一下究竟有没有你这名字的学生？"他流着眼泪，说道："可以的，但希望能替我留些面子，不要告诉校长我在这里犯了过失。"我说："可以的，你放心，我决不在你校长面前告诉你在这里的行为，并且我不但现在不告诉，将来也不会告诉的。"于是，立刻一个电话打去，一问确是有这学生的，而且说学生现在出去了不在校。问有什么事

第一编　怎样说话

101

吗？我回答说："没有什么事，想请他接电话，因为我是他过去的老同学。"这样我立刻把电话挂断了。

于是，我又对那学生说了一番夸奖的话，叫他写一张悔过书算了。可是，那学生听着我的夸奖，眼泪不断地流下来，竟很伤心地哭泣了。我就安慰了他一番，说："佛家讲的'放下屠刀，立地成佛'，一个人是不能没有一些错误的，一时糊涂，事情就做错了。不要说血气方刚的青年人，就是入世很深的老年人，因一时糊涂而做错事也是难免的。今天做错事，今天就悔悟，明天就可以成为一个万人敬仰的圣人。所以要写一张悔过书的理由，就是为自己的生命史上记着一笔，为了以后时时警惕自己。"然而我这样的安慰，他竟涕泗滂沱地哭泣，手里拿了笔，竟是羞愧得写不下去了。于是我再安慰他，叫他不必为了这一些错误而伤心，这悔过书不必写得怎样，只要写自己一时糊涂，有了不端行为，以后永不再犯。而且这悔过书也不会送往校中，而是留在此店中的，以后，读书好好用功，将来做一番大事业来洗涤掉今天的过失。他一面涕泗滂沱，一面照我的意思写了，于是我再奖励他一番，说他文笔怎样清秀，词句怎样清楚，叫他不必悲伤，好好地回去。他就十分感激地道谢而去了。过了两个月，我曾到他校中，问起该学生的功课，据说近来很是用功，成绩不错。

我想，如果当时不管一切，把他送进捕房，他势必被法院判决拘禁几天，同时，学校也会把他开除了，这样，那学生的前途便完全牺牲了。我有一天到法院中去旁听一个朋友的案件，见到法官在审判一个十一二岁的小孩，知道该小孩在半年之前曾经犯过某种案件，因为他还不到判罪的年龄，所以被判受两个月的感化教育。现在是重犯了，所以被判受五个月的感化教育。我想，他不久必定要三犯四犯，如果不使他向上，他自然自暴自弃而终于导致不可收拾。

我们应该记着，我们应该规劝人家努力向上，不要使人家自暴自弃！

八　平等待人尊重对方

人都是有自尊心的，任何人都无时无刻不在维护自尊。俗话说，人的心灵很像花朵：开放时会承受柔润的露珠；闭合时会抵御狂风暴雨。我们规劝人家，实际上就是让他的心灵开放。但是，被规劝的人往往用闭合来抵御我们的语言，来保护他的自尊心，他并不认为我们送的是雨露。所以，要想不损伤他的自尊心，平等待人是至关重要的一点。规劝人家，很容易使自己站在比别人高的位置上；而本质上，也确实比别人高，因为你自己觉得比别人的观点正确，这才能劝人；如果觉得比别人低，也就是观点不正确，那还要劝什么人呢？所以，劝人的人实际上的位置应该是高的，但这种高，在劝人时是不能表现出来的，只能摆在和被劝人平等的位置上，这不是虚伪，而是方法上的需要。只有当被劝人觉得你尊重他了，设身处地地在为他着想，他才能认真考虑你说的话，才能把心扉打开，才有可能达到劝说的目地。相反，你自恃自己有理，说得对，把位置摆得高高在上，甚至不注意语言的表达方式，一派批评人的口气，势必引起被批评人的反感。因为你没有尊重他，他会想出各种办法来对付你，使你不但没有达到规劝的目地，还生了一肚子气。如果他迫于某种压力或其他因素，而屈服于你的批评，口头上也许承认自己错了，内心深处还是不会听你的。举一个老师在课堂上提问学生的例子：

老师："请刘燕同学回答问题！"

刘燕："我不回答你！"

老师："刘燕同学，你声明不回答我的问题，必定有原因。你能告诉我是什么原因吗？既然你不肯说明，让我分析一下吧：是不是我有什么地方做得不好，不能为人师表，不能让同学们信服，甚至玷污了人民教师的光荣称号，方使你这样呢？"

刘燕："老师，没有，没有的事。"

老师："既然我还称职，我想你也不会有意出我的丑。那么，让我猜测一下你是怎么想的吧。我认为，不外有三种情况：第一，可能是我的启发式教学搞得不得当，问题提得过于浅薄，引不起你的兴趣，你不屑于回答，是这样吗？"

刘燕："不，不是。"

老师："第二，是你能回答这个问题，但不想回答。如果是这样，你现在回答也不迟。"

刘燕："我……我……"

老师："第三种情况可能是你不会回答，但又碍于情面，不肯承认自己不会回答的现实，忽然一时糊涂，想以强硬的态度搪塞过去。但我为什么要这样认真呢？我实在不愿看到你交不上答卷呀！"

刘燕:"老师,您,您别说了……请告诉我这个问题该怎么回答……"

这位老师平等待人,尊重对方,心平气和,严于律己,消除了对方反感的情绪,打开心扉,终于说出了为什么。如果老师居高临下,不管青红皂白,一通批评,学生的抵触情绪会更大。因为她失了面子,不会轻易地认错的,老师势必没有达到规劝的目的,甚至课也没法往下上了。

九　心理相容对症下药

要想开导说服人,不能只从主观意图出发,只顾自己说,要从对方实际出发,及时调整自己的语言和态度,对症下药。使对方的主观感受经过思考加工后,表示赞同或反对,或二者兼而有之,与对方求同,才能唤起对方的呼应,心理相容了,思想才能共鸣,才能说服人。说理一定要寻求共鸣,争取心理共鸣。讲一个"黄老汉是怎么被说服的"故事:

60岁的黄老汉一只眼失明,其妻双目失明,讨得一女,生活十分困难。一天,老汉吵着要搬家,几经盘问他才说:"我这个家,三口人三只眼,毛病出在我住的地方'风水'不好。我家东邻姓陈,西舍也姓陈,什么人家能经得住这'沉沉'的东西左右挤夹呀!再住下去,非把我老黄家压'黄'了不可呀!"支书批评他,他也不听。一个 30 多岁的妇女劝他道:"你老别怪侄媳妇多嘴——你咋傻了呢?搬啥家?若是我呀!杀头也不挪开那个福窝窝呢!"

"福窝?"老汉怔了,"那是祸坑!"

"你老听我说嘛!东邻姓陈,西邻也姓陈。你知道吗?那是文武大臣的臣!你老左有文臣,右有武臣,保护着你这个'皇帝'。放心过吧,好日子在后头呢!"

"侄媳妇,这话当真?"

"这不明摆着吗?你们老两口才一只眼,你那宝贝凤丫头一人就两只眼!比你俩强吧?她又聪明,又伶俐,黄凤黄凤,是村里的凤凰,龙凤呈祥的意思嘛!遇上如今这好政策,用不着几年,凤凰双翅一展,任你东邻西舍再'沉',也休想压得住呢!——我说黄大爷,这是福地!别人就是想住,想有个文臣武臣保护着,只怕还没有这个福气消受哪!"

"好,侄媳妇,你算说到我心坎儿上了!"黄老汉很高兴,从此,再也不提搬家的事了。

这个故事很风趣有意思,黄老汉明明是迷信,用科学的道理说不通。这位妇女采用心理相容的方法,从另外一个角度,把话说到了黄老汉的心坎儿上,对症下药,说服了老汉。从心理相斥到心理相容,其实质还是让对方通情达理。说服教育只能在自觉自愿的基础上进行,而心理相容、对症下药的过程,恰恰是实现这种自觉自愿的过程。我们不论说什么理,说服什么人,都要依循对方的心理轨迹步步深入,将自己的观点逐渐熔铸在对方的心里,才能达到目的。

林语堂的

说话之道

贰

怎样演讲

第一章　勇气与自信力的培养

当代有名的大演说家戴尔·卡耐基，他曾在各地开办演说训练班。他的学生遍布全球。他曾向他的学生征求所以要学习演说的原因，几千个受训的学员的答复，词句虽然各不同，然而意思大致是一样的，就是："当我被人家唤到要立起来讲话的时候，不知怎的，我便立刻变得扭怩不自然，而且还有一些害怕，以致我不能自由地思想，不能使我集中注意力，我准备要说的几句话，也不知怎样地忘记了，竟是想不起来。我需要获得自信、镇定和容易思想的能力，我希望能够把我所想的作有条理的记忆，并且能够对着普通大众的面前，把我所要说的话，清晰而有力地讲出来。"这些答案，简单地说，一句，就是希望有一种当众说话而能够从容自如的本领。这种本领，我们要知道并不是天生的，完全是自己去养成的，而且养成这种本领并不困难。正像你学习球类运动一样，只要你肯坚毅地去做，你蕴藏在内心的才能，自然会发挥出来。你不相信吗？请你先看下面的一段故事，这故事，就是演说大家戴尔·卡耐基所说的。

一位伯鲁克林市的柯医生，在某一年的冬季，到南国的迈阿密去旅行。他在那里的住所，就在一个棒球练习场的附近。因为他很是爱好这种运动，所以常去看他们练习，后来慢慢地和这个球队的队员熟识起来，并且还做了朋友。

有一天，他被邀去参加那个球队的宴会，在咖啡和水果用罢之后，几位重要的来宾，都被请起来"随便说几句"。这是出其不意的。柯医生听到主席说："今晚我们十分荣幸，因为座中有一位柯医生。现在，我们就请柯医生讲一些棒球选手的健康问题。"

他对于医学本来很有研究，而且他学习健康学和实习医学已有三十多年，所以要他讲这样一个问题，用不着去问他有没有准备，他早就有了三十年的准备。此刻不必再临时准备起来，可以侃侃而谈，谈得每一个听众都很满意。可是他可以安坐在椅子上对他左右的人畅谈这问题而昼夜不息，要他站立起来说，即使对着极少数的人，虽然所谈仍是这个健康的问题，但是，竟会变成了一个不知怎么艰难的难题了，因为他一生之中根本不曾作过一次公开的演讲。他的心加倍地跳着，跳得几乎要冲破了他的胸膛而出来看看世界。他的心思乱得很，没有法子使他沉思，他学习了三十年的学问，此时都完全插翅飞走了。

大家不停地对他鼓掌，每一个人的视线都集中在他的身上，他竟没有办法，只是急得摇头。可是这反而使鼓掌声越来越大，"柯医生，别客气了，随便说点吧"的催促声也愈大而愈坚决了。

他窘得没有办法，他知道要是站起来说些什么的话，不满十句他就会露底，今天他是失败了。他只好一声不响，站立起来走出了餐厅，他是怎样的难堪啊！

他受了这一次的羞耻，不愿再有第二次这样的遭遇，所以回到了伯鲁克林市之后，第一件事便是去加入演说训练班接受训练。他专心致志，刻苦练习，不曾缺席过一次课，他进步之神速，竟连他自己都感到有些吃惊了。不久，他就能够游刃有余地在任何地方、任何情况下演说了，他是一个最会演说的人了。

从这一则故事来看，演说的本领是可以自己养成的，而且养成也并不困难。你要知道，你站立在众人的面前，事实上更能思想，更能滔滔不绝地讲下去。许多大演说家说，一群听众在场，正是一种刺激、一种灵感，可以促使你的思维更加清楚而敏锐。只要你坚毅有恒地去切实练习，把你的勇气和自信力养成之后，你也可以和每一个大演说家一个样子。

一　有志者事竟成

俗话说，"有志者，事竟成"。你要想成为一位演说家，这并不是一件难事。前面所说的那位柯医生，他便是一位有志而成功的人物。你要抱定决心，一往直前地努力，你相信你是一位未来的演说大家，你就可以成为一位演说大家。罗马的凯撒大帝，在当年统率雄师，渡过海峡而登上英国的土地的时候，他便发下命令，叫全军士兵都站在多佛尔海岸的悬崖上，俯视着二百尺以下的奔腾澎湃的巨浪。士兵们在俯观的时候，发现他们来时所乘的船只，现在完全被大火焚毁了。这意思就是告诉大家，现在已经走上了敌境，回去的道路已断，只有前进去征服敌人，那才是一条生路。我国的项羽，他在巨鹿，实行破釜沉舟，这是和罗马凯撒大帝一个样子的。你要学习演说，你也应该有凯撒大帝的精神。你要像凯撒大帝他们那样有着必胜的决心，那你学习演说，为什么不可以有着必定成功的和他们同样的精神呢？

你一定要有自信和勇气，你站在众人的面前，不要害怕，不要把他们当作向你讨债的人物，要把他们当作欠你债的人，他们因为还不出，所以共同端坐着听你给他们宣布缓付的办法。你或者可以比拟成一个高级的军官，你对面的听众完全是士兵，他们端坐着听你的命令，他们对你只有服从，不敢有所反抗。你有着这样的勇气，就不会在见到众多的听众时而感到害怕了。

你应该相信，大演说家最初在学习的时候，他们都是和你一样的。美国有名的幽默大师马克·吐温，他说当他第一次站起来演说的时候，觉得嘴里像塞满了棉花，脉搏拼命地跳着，跳得像是在争夺银杯的赛跑时的样子。爱尔兰的政治领袖潘耐尔，他的兄弟谈他最初演说的时候，因为胆怯的缘故，所以两手握得很紧，紧得指甲刻进肉里，掌心因此而出血的程度。

任何人，就算是大演说家，开始时都免不了有些不自然，这并不是面前有着许多人的缘故。假使你去做无线电播音员，那时并没有许多人在你面前望着你，可是你开始播音演说了，你还是免不了有些忸怩而不自然。你要胆子大一些，培养你的自信力和勇气。日子一长，自然习惯了、熟悉了，那种不自然便会不知到哪里去了。

二 克服害怕情绪

每一个大演说家，在开始学习演说的时候，终是免不掉有些胆怯而心悸的。可是，只要你大着胆子上台，不久就可以克服那种不自然。因为你对着众人演说，使众人听从你的指挥，依照你的主张，这等于使你做了一位领袖，心里感觉到很是光荣，你怎么肯把你的光荣突然地牺牲了呢？这并不是故意形容，确是一种实情。

你不要害怕，大着胆子上台，你如果觉得这害怕无可避免的话，那你在上台之前，先来做一次深呼吸。事实上，你面对听众之前，必须先做半分钟的深呼吸。因为多多吸进一些空气，便会使你长出勇气来。有一位音乐家说，当你吸足了气，你便可以自己支撑得住，你内心的惧怕，便会自然地消失了。

如果你能够在听众面前寻找一些事情来做，这也可以帮助你减去不少忸怩。假如你在黑板上写写画画，或是在示意图上指出一个要点，或是打开一扇窗子、移动一下桌子，或是移动一下书籍纸张。凡是身体的任何动作，只要是内中含有一些用意，都是可以使你放松一些、自然一些的。不过，这种借故的动作，不是永远可以找得到，而且也仅能用于最初的几次。但是，假如你能够使用的时候，那是不妨使用一下的。

你不要忸怩地解开或是扣上你的纽扣，换句话说，就是不要玩弄你的纽扣。还有你也不要擦弄你的双手，因为，这些都是你的一种因害怕而无意识的动作表演。在演说的时候，给人看了，人家将一直注意着你的双手。假如你一定不能自免的话，那么，你最好把你的双手放到背后去拨弄着你的手指，因为那是没有人见到的。或者，你动着你的脚趾也是可以的。

照理，演讲者躲在桌子、椅子的后面是不大好的，不过在最初的一两分钟，你站在桌椅的后面，或者把桌椅紧紧地抓住，这也可以给你一些勇气。或者，在你的手掌之中，你握住一枚钱币或是其他的东西，这也可以使你长出一些勇气来，把你的胆怯消除掉一些。

法国的福煦元帅说："在作战的时候，最好的防守就是进攻。"你记着，你不要胆怯而退避，你应该大着胆子勇敢地站出来，你这种向胆怯进攻的态度，就可以把你的胆怯克服掉。

我国有一句成语，叫作"畏首畏尾，身其余几"，你何必要畏惧呢！学习游泳的必要条件就是大胆地跳进水里去，不要怕，一怕你就不能成功。

三　成功来自练习

无论做什么事情，成功的第一个方法或是末一个方法，就是要多多地练习。士兵天天要操演，练习打靶，他们的目的，就是要在将来作战的时候因纯熟而获得胜利。要成为一位书家画家，并不是读了几本理论书就可以的。因为，知识这东西，你必须多读书报，才能使你增进；你要获得技能，你必须多多练习，才能成功。演说是知识又是技能，因为你发表出去的是知识，而发表的方法是一种技能。你满腹经纶和学问，没有演说的才能，你最多只能写成著作而传世，否则也只好由它烂在肚子里。

希特勒说过，每一位初次演说的新手，大都有着一种心慌病。心慌病的起因，是由于一种过度的神经刺激，有时倒也并不是真的胆怯。因为他第一次站在许多听众的面前说话，突然见到许多的眼睛望着他。他倒并不是怕说错了受人家当面责骂而难堪，他的脑子受了一种突然的刺激，他现在需要把脑子约束一下，使他的神经照常地镇定下来，使他的血管中的血液和平常一样地流动，使他能够克制自己，脑子可以统领着全身的神经。这样，他就不会心慌得手足无措，接着若无其事地侃侃而谈，成为一个老练的演说能手。

你要使你的心慌病消失得无形吗？最好的方法，就是要多多地练习。多一次的练习，就是多一次的经验，多增强你一次的才能。

一位书家告诉人家成功的秘诀，就是要每天都练习，不间断地练习，"天下无难事，只怕没恒心"，如果你有恒心去练习的话，无论你要什么成功都可以。

林肯在早年的时候，常常要走路到三四十英里外的地方去听名人的演说。他回来之后，常是兴奋达于极点，决心要做一位演说家，因而常常把田间工作的伙伴召集到一起，他自己站到高处面对着他们演说或是讲笑话。他的雇主见了非常愤怒，说林肯不但十分懒惰，而且还要讲笑话或是演说来扰乱别人的工作。我们因此可以知道大演说家的成功，他们都是经过刻苦的练习而成功的。

四　磨炼意志

　　演讲是一人讲，众人听，它具有广泛的群众性，这和对少数人谈话是不同的。在语言表达方式上，演讲是既"演"且"讲"，以"讲"为主，以"演"为辅，以"演"助"讲"。"讲"要求语言清晰、有力，要有逻辑，观点明确等，以后还会专门谈这个问题。现在谈一下"演"，"演"就是表演，有点像一个演员在台上表演一样。当然，演员是以演为主，演讲者是以演为辅。演讲者在台上面对的是大众，不是在作报告，也不是法官宣读判决，而是通过讲话宣传自己的观点，争取什么。一句话，他是想得到听众的支持，有求于听众。多少只眼睛在看着他，他的一举一动，一个手势、一个眼神，甚至微微的颤动都会引起听众的注意，都会关系到他演讲的效果。而这一切都是他必须要注意和必须运用自如的，这决非易事。一个人在广播电台念稿子，旁边即使没有人，都会紧张；到了台上，在大家的瞩目之下就更不同一般了。所以，这是一个艰苦的磨炼过程，首要的就是磨炼意志，没有坚定的意志是很难干成一件事情的。从胆怯到敢于，从敢于到自然，这是学习演讲的基础，也是最重要的一环，非要突破不可，而要突破靠的就是意志。

　　如果能把开始学习演讲遇到的困难泰然处之，当成一种锻炼、一种人生的经历，保持较好的心态，这无疑对一生有重大的作用。

　　锻炼意志有各种各样的方法，在大众面前锻炼是有难度的，越是这样，锻炼的价值就越大，如果战胜这个最大的困难，有了坚强的意志，还有什么不可战胜的呢！

第二章　如何做好演讲的准备

自己有了勇气，能够相信自己的演说一定不会失败，大胆地走到台上，大胆地当众演说，可是你所讲的内容，也要有着相当的意义；否则你无论胆子怎样大，无论声调怎样的高低快慢适宜，无论动作如何的优美适度，你的演说，还是要失败的，因为你不是讲得十分肤浅，便是不知所云，令人不懂。所以你在预定好要演说之前，最好还要有着相当的准备和相当的练习，虽然你已成了演说的能手，你可以不用练习，上台后老练得不会有什么不当的地方了；然而，准备工夫，还是不能没有的。

由于人家约好我在那一天要演说了，我于是去各个地方找材料，书本上、杂志上、报纸上，凡是可以给我应用的，我就采集下来，一个字一个字地记在脑子里。到了那天，便就一个字一个字地搬进人家的耳朵里去，这便是准备吗？不，不，不，这虽然也可以说你花了心思去准备了，然而，你这材料，完全是枯燥无味，是不连贯、不消化的东西，人家听了只是感觉到平淡乏味，说不定睡神对于听众的操纵，竟要大过你许多呢！这样，你就是失败了。

一　如何准备你的演讲

那你的演说应该怎样地准备，才算妥当合理？第一你要记着，你所选的讲题必须适当，凡是作简短的演说，不要去犯那包括太广的毛病，仿佛写文章，一定要认清了题目的中心思想，说得过分简单，未免言之不详；说得过分繁杂，未免令人茫无头绪，所以详略必须适当，这全在你自己的功夫了。至于题材，哪种算好？这也难说，简单地说一句，凡是你认为有兴趣的，你可以热诚地讲出来。最好，你还得感觉到人家的需要，因为有时候你自己感觉有兴趣的，但是不大合于人家的胃口，那你即使讲得天花乱坠，终也没有多大用处。比方，你是一位厨子，你是喜欢辣的，所以你在每一个菜中都加入辣味，这是未必受多数人欢迎的！

耶鲁神道学校开成立百年纪念会的时候，该会中有一位布朗博士，曾经作过多次演讲，因此请他谈讲道的艺术。布朗博士有了三十多年的每星期都要准备他的演讲的经验，这次的谈话当然是十分有价值的了。

现在，把他的名言引一些在后面：

对你的演讲的题目和内容须得加以深思，把它们深思到烂熟而融化，你可以重新制出一整套新的意思来，像种子中的幼芽，自然地膨胀发展。

深思的步骤，能够经过多一些的时间更好，你不要到了星期六的下午才去准备星期日的讲词。如果有一种真理，能够在你的心上保持了一个月、半年或是一年，那你在讲出来之时，自然有不少的新意思充分地表达出来。你在走路的时候曾沉思它，在火车上倦于看书的时候也会想到它。

也许在晚上你也在深思着，我有时在深夜里从床上醒来，急忙写下了当时涌出来的思想，因为怕到早晨便就忘掉了。

当你真的在搜集材料的时候，你应该把你对那题目已经知道的写下来，把在你脑子里所有联想到的意思也写下来。

写下你自己的意思，只须几个能够概括你的意思的字，并且使你的心无时不在想到更多的意见。这便是训练心的简略的方法。你可以通过这种方法，使你的智力步骤保持鲜美和创新。

把你不假外援而自己想出来的所有的意思记着，因为这些对你的智慧的开展，要比宝石和黄金更为可贵。你把它们记下来，写在纸片上、旧信笺、破信封以及任何的废纸上，这比写在特地准备的装帧华美的记事纸上要好得多。这不仅比较经济，而且你整理的时候，排列这些纸片的次序也比较方便。

你会发现那些你认为最满意的意思，都是从你的内心所发出来的，犹如你自己的血和肉，你自己心力的产儿，你自己创造力的成品。

你按照布朗博士的主张，努力地准备你的演说，你就一定不会失败。因为，你所准备的，都是你内心滋长出来的，而且都是在你口中急急要冲出来的材料，所以你演讲起来一定会得到十分良好的效果。我们要记着，就是我们要讲的材料，必须要在我的内心急急地冲出来，要有着不吐不快之感，这样，演说出来才会热烈，才会得到成功。有一位先生，他要演讲首都的宏伟，可是他没有什么可说的话，所以特地去买了一册新的首都游览指南，他就在这本书上搜集了一些材料，照样讲给人家听，这就是现贩现卖，就是所谓"道听而途说"，里面没有你自己的真实情感，你想感人，你想得到成功，那完全是你在做梦了。

二 提高你演讲能力的诀窍

你准备去演说，而且准备说两小时的，你准备的材料，已经足够两小时的述说了，你就把这些材料勤加练习，你以为你这一次的演说，一定是不会失败的了。然而，事实上并不像你自己所想象的那样顺利，说不定要打些折扣的。所以，如果要使你的演说能力充实，你应该要准备更多的材料。大植物学家柏毕克说："我平常所种植的打算作为标本的植物在数量上以数十万计，但最后的入选者仅仅是一两株最优的，其他的劣种，我便完全抛弃不用。"我们准备演说，也要有着这位大植物学家种植植物标本的态度。我们尽量地搜集，搜集得愈多愈好，我们把大量的材料，加以选择，择其优者留着应用，不好的便弃之一旁。我们不妨把搜集了一百件的材料抛弃几十件。

你搜集的材料愈多，你所获得的知识也愈丰富，而你对于某一事理的认识也愈清楚，自信力便也愈增强了，讲述时候的勇气也愈足了。你有着充分的材料，演说的时候便有着充分的把握，你的心境，可以安舒，你的态度，自然、大方，你的成功，当然用不着说了。可惜现在有许多的人，不管是公开的演讲或是私人的演说，对于这一点都忽略了。

法国著名的史学家泰尔湃女士，有一次她在巴黎，麦克鲁杂志的编辑特地给她一个电报，要她写一篇关于大西洋海底电缆的短文。她为了要写这篇文章，特地到伦敦去拜访欧洲重要海底电缆的经理，从而得到了很多的材料。但是，她并不以这些所得的材料为满足，因此她又到英国的博物馆里去参观各种的电缆展览。她再读讲述海底电缆发展史的书籍，更到伦敦郊外的工厂中，去看那海底电缆构造的步骤，然后再动笔写文。

她为什么要这样做？写一篇短文，单单去拜访了一次欧洲重要海底电缆的经理已经足够了，何必要去各方面搜集比她所用的多过十倍、百倍的材料呢？不用说，她明白准备材料的重要，因为这些准备的材料，虽然被她弃之不用，然而，足够增强了她所写的那篇文章的力度。

詹姆斯·凯泰尔说，他作了演说之后，如果在归家的途中，要是找不出还有多余而不曾说的材料，他便认为这一次的演说是完全失败了。这是什么缘故呢？这就是他从许多的经验中知道，凡是一场非常有价值的演说，必定是有着十分丰富的后备材料的，而且这些后备材料也并不是在演说者所规定的短短的时间中所能说完的。

所以，一位演说家，他在明天要去演说而今天才去准备，他必定演说不好，那是必败无疑的。

读者诸君，在这里我有几句话奉献：假如你的演说你没有充分地准备，那么我劝你无论如何不要去登台献丑，因为一面你在献丑，一面你的内心是十分苦痛的。你不是傻子，我相信你决不肯去贸然登台而尝一些苦味的。

三 演说大家是如何准备演讲的

当然，你也想知道一些名演说家是怎样去准备他的演说的。你对于他们的准备方法，很想用来作为你的参考。

现在，不妨就介绍一些在下面吧：

有人问威尔逊总统，你平常都采用什么样的演说方法，他说："开始我打算把要讲的许多题目，一条条地写在一张纸上，我在心里把它们列成了自然的顺序。那就是说，我把这些事项，给予了骨骼和结构，然后再用速记写出来。写好了，再用打字机打印出来，同时对同句进行一些必要的修饰，并增减材料。"

希特勒的准备法又是一种方式了。他发掘一切的事实，然后再加以审查、评价、决定而达到自己的结论，并感觉到他的结论确切而难以动摇。然后，他取了一册打字纸放在面前，他开始一边讲一边写，并且写得很快，因之可以显示出自然的精神。他把打成的文章再读一遍，同时再加以修改和增加，用铅笔来做着记号，然后打成一篇清楚的讲稿。他又说："我一切的成就，都是在事前用过劳力及最确切的判断和计划的。"他再时常请一些批评家来，听他读那演说稿，他不和人家争辩演说稿的内容，因为他的意见已成决议，不容再有更改；他不去希望人家告诉他应当说些什么，只希望人家告诉他应当怎样说。他把他的演讲稿一再用打字机打出，加以修改和增加。这一份，他是送到报纸上去发表的稿子。这稿子当然他不能完全记在心里，所以当他实际说出来的时候，常常和报纸上所发表的并不完全相同。但是，他这样的准备，却是我们很可以取法的，因为可以使自己熟悉可选用的材料以及先后的次序。

美国的上议院议员毕菲瑞兹，他写过一本《公开演说的艺术》，他说："演讲的人，对于他自己所讲的题目必须要有把握。这就是说，须搜集到所有的事实，加以整理研究而使之消化。而且，不仅单是一方面的材料，方方面面的材料都是要有的。同时，这些材料，都必须是确切的事实，并不是假的或是未经证实的臆说。对于每一项事情都要加以证实，这固然是一件十分辛苦的工作，但是，为什么要这样呢？你不是打算对人家有所报告、陈述和劝导吗？你不是想让你所说的无可辩驳吗？把某种问题的一切事实搜集整理之后，对于这些事实，你必须自己去想出它们的解决方法。这样，你的材料，才有创造性和个人特有的魅力。因为这里面有'你'在内，你再尽其所能，把你的意见，很清晰合理地写出来。"

《遍地黄金》的作者康维尔博士，他的演说词的构成，都是根据着下列的形式：

第一个形式是：

（1）讲出你的事实；

（2）论辩这些事实；

（3）劝人实际去做。

第二个形式是：

（1）指明一切事情的错误；

（2）说出怎样可以补救；

（3）请求别人合力去做。

第三个形式是第二个形式的另一种方法：

（1）这里有一种情形需要补救；

（2）我们对之应该这样或是那样地做；

（3）因了种种的理由你是应当帮忙的。

第四个形式是：

（1）取得人们感觉兴趣的注意；

（2）获得信任；

（3）讲出你的事实，教人们重视你所陈述的意见的价值；

（4）诉请人们真去实行的动机。

现在，我们再来看看电影明星，他们把练习演说作为消遣。他们这样的消遣，不但增加了他们的趣味，并且还增加了他们说话的能力和知识的长进。这也是很值得我们效法的。

　　某一个晚间，我们的消遣方法就是假装在一个大宴会上把卓别林先生介绍给大家。当他被介绍之后，应当马上站起来即兴发挥一段简短的演说。从那次以后，差不多我们每晚都要来一次这样的消遣，我们这样持续了有两年之久。我们三个人（玛丽·璧克馥、费莱伯、卓别林）每人在纸片上写一个词，然后团成了纸球，每人各拈一个，展开来看是什么词，便以这词作为题目，作一分钟的演说。我们每晚变换文字，不许重复。我曾记得某一个晚上的词是"信用""灯罩"，我随手拈得的是"灯罩"，这可把我窘住了，因为要把"灯罩"作为主题来讲一分钟，这实在是很困难的。不信你不妨来试试看。或者你也会立刻讲出："灯罩的用途无外乎两种，一是遮住过强而伤目的灯光，一是为了美观。"你想，再往下说，试问还有没有话呢？我当时也照样的无话可说了。而我们这样做的目的就在于此，我们这样的消遣方法，在两年当中，使我们三个人的讲话能力增加了许多，我们对于各式各样的题目的知识日渐增加。除此之外，更使我们学会了如何在仓促之间把我们的知识有机地整合起来，对一个问题道出个究竟。两年来我们都不说停止这种练习，它还可以给我们无止境的长进。

　　总结上面的话，我们可以知道许多著名演说家，他们的准备，还是重在练习。但是有人要说，事情很忙，每天哪里有许多练习的闲暇呢？那你不要急，你且看看人家。日本国上议院议员佐藤，他还担任着某铁道公司的经理，然而他每天晚上都要练习演说的。他说："我从来不使它妨碍了我的工作。我的练习，是每天晚上从办公室回家之后准备的。"从不间断一天，你究竟忙得比他们怎样。

四 与演讲稿有关的几个问题

前面已经说过，你把演说所搜集的材料，随时写在纸片上，你不妨把它当作玩纸牌似的时时翻阅；把它们分别列组，依次排列，存其精华，去其糟粕，然后再加以整理，加以修饰，这是准备演说的一种方法。你一直要到你的演说发表以后，这准备的工夫才算结束。你这样的准备，自然有着你的演说稿的。

有的人他们把要说的话写成了一篇文章，于是从头到尾，一个字一个字很仔细地记着，待到登台演说了，便像背书似的一字不遗地向听众的耳朵中送进去，这实在是一种最不好的方法。因为，你做成了一篇文章，细细诵读而实行背稿，你真能一字不遗地背诵吗？你背到中途，忽然因为遗忘而背不下去，那时你势必满头大汗，窘迫到不知所云了。再有，你在没有背出之前，你又搜集到了好材料，要插进去，则势必文章重做过，前功完全付之东流了；况且待做起来，你是否还能有把它再行熟读的时机？假如没有，你只好不重做，你这一次的演说，使人仿佛在听你的背书，枯燥无味，那是一定的。所以我们写演说稿，应该拟一个大纲，我们说话的时候，按照所写的大纲，再行述说，那么，既无背书之弊，又有伸缩自如之好处，这是我们必须要注意的。

一个好的演说家，在他的演说讲完之后，他会感觉到他的演说有着四份的，一份是他原来准备的；一份是他实际讲出的；一份是在报纸上刊登的；还有一份，就是他在回家的途中想到当时应该怎样讲法的。

演说有公开演说和即席演说的分别，即席演说，就是临时发挥你的意见的。要是我们把演说稿写好了，再即席演说则更是危险。因为即席演说的人不止一个，说不定在我前面演说的人，他所说的正是我准备的内容，那轮到我的时候，我一字一字地背诵，不啻叫人家把前面的人已经说了的再来听一遍，这是何等乏味的事啊！所以，有许多演说家，他们的即席演说，便是不再准备讲稿。但是，为了要使你讲的时候安心些，你仍不能不把大纲准备起来。林肯是一位很善于即席发挥的演说家，可是在他入主白宫成为美国总统之后，无论是公开演讲或是与阁僚作普通的谈话，他总是在事先准备好稿子。他那就职总统的演说，自然更是费了不少的准备工夫了，因为这是有着重大历史意义的重要言论，当然不能临时发挥的。可是，他在伊利诺伊州的那篇伟大的化仇为友的演说，却不曾有过草稿。他说："在演说的时候，演说者看着草稿，那是会使听众们感觉到厌烦的。"

确实的，一个演说者手里拿着演说稿而演说，这像是教员在教室中讲书而不是演说了，再加上他时时的翻阅，讲的时候就不免要中途停顿。这怎么会不使听众感到烦闷，甚至和睡神去握手呢！因为，演说者时时翻阅演说稿，这便是演说者缺乏应该具有的坚信和充足的力量的表现。

我们在准备的时候，必须要作演说稿——精细而又丰富的纲要。你在自己练习的时候，可以随时参看，待你走上了讲台，面对着听众，你就不应该再去翻阅演说稿了。这等于演讲者在准备演说的时候，不妨每人的手中拿着一个讲本，到忘词的时候可以参阅，可是你在登台演说的时候，你手里也拿了一个讲本上台，那不是成了大笑话，不是要使观众哄然大笑的吗？

　　我们准备的演说稿，在讲台演说的时候是不应该拿出来翻阅的，可是，你不妨把它藏在怀中，这多少可以使你感觉到安心些。这并不是让你藏在怀中准备拿出来翻阅，正像火车轮船上装置有消防器，防备着紧急事件发生的时候，偶然拿来使用一下，非到紧要关头，无论如何是不用的。

　　如果你必须要翻阅你的演说稿的话，你能够把纲要写得愈简单愈好，用了较大的字，写在较小的纸片上面，到了你所讲的地方，你就把这纸片藏在桌上有遮蔽的地方，到了必须要看的时候，可以偷偷地望一眼。但是，你必须努力遮盖住你这一个弱点，不要使听众看见。

　　初次演说，异常心慌，常常登台之后，或是讲到中途，竟把苦心准备着的材料完全忘掉，弄得不知从什么地方说起才好，窘得满头流汗，那是何等难堪的事啊！像这样的人，身上带有一份演说大纲，这不啻如大热天出门旅行而身上带有清凉饮料一样。不过，学步小孩，须得扶着桌椅，会走之后，便用不着有所依赖了。

五　增强你的记忆力

你不要准备好一篇演说词，然后再一字一字地强记，那是吃力而不讨好的。因为你这样的做法，结果会使你在讲台上表现得生硬、冷淡、没有生气，你将耗费了时间与精力而得到一个失败。我们应该准备丰富而精细的大纲，记住这个大纲，以使我自然而灵活地运用。但是，大家都觉得记住这个大纲也不是件容易的事，这就是大家违反了记忆的自然法则的缘故。著名的心理学家席绍尔说："普通人平素利用他的记忆力不及百分之十，因为他违反了记忆的自然法则，浪费了其余的百分之九十。"

所谓记忆的自然法则，那是十分简单的，就是"印象""复习"和"联想"这三条。我们留意于这三条，我们的记忆力便自然地增进了。

你想准备牢记住某一种事物，你就抓住该事物的一个深刻而又生动的印象，你怎么能够抓住呢？就须集中你的注意力。老罗斯福总统，他有着惊人的记忆力，凡是碰到过他的人，都会对他惊奇的。他为什么能够如此呢？就是他用尽毅力和不断地训练，使他能够在极混乱的场所，集中注意于一件事。我们用五分钟的充足的努力集中注意，可以比较"心不在焉"地恍惚几天的成就。毕镉牧师说过："一小时紧张地工作，可以超过如梦般的几年。"一个普通人，碰到同时被介绍认识几位陌生朋友的时候，几分钟之后，他竟会把他们的姓名完全忘掉。这是为什么呢？因为他起初没有对他们充分注意的缘故。假使这些新朋友之中有一位姓"张"的，而他的面貌又和一位姓张的熟人差不多，那他就会很容易记住了，因为他对那位熟人的相片早已熟悉了的缘故。但是，即使他不姓"张"，只要对他有了精确的观察，姓名也就不会忘掉了。我国的交际博士黄警顽先生曾经对我说，他碰到了一位新朋友，对这新朋友的姓名、容貌、态度以及思想、言语等都加以深切的注意，所以能够历久而不忘。

某年初夏，上海八仙桥青年会的九楼，聚集着五六十个中学的国文教员，他们在讨论着教学中学习国文的方法。内中有一位先生，曾经说："过去教学国文，对于每一篇文章，都要高声朗诵。现在教学国文，对于这一点就不注意了。实在，对于一篇文章的高声朗诵，不但能够把这一篇文章更深切地了解，并且还容易记忆不忘。"这句话确实是不错的。

林肯因为在小时候养成了一个高声朗诵的习惯，所以他在当律师的时候，每天早晨走进了事务所，便仰卧在一张破床上，开始朗读当天的报纸。他的同事因为被他吵得忍无可忍了，因此就问他为什么要高声朗诵。他说："这有着两种官能在工作：第一，可以看见自己所读的是些什么；第二，耳朵听见了自己的所读，因此可以更容易地记忆。"林肯的记忆力是很强的，他说："我的心像一块钢板，不容易把事物刻画上去；可是，已经刻画之文，也就不容易拭去了。"同时利用两种官能，这便是林肯记忆的秘诀，你为什么不来试一下呢？

美国的幽默大师马克·吐温，当年每逢演说，他必须带底稿，后来忽然想出一种奇异的方法来帮助他的记忆，以后他便不再带底稿了。他在一本杂志上，曾经发表了自己的经历：

数字是单调而没有显著的外形的，所以最难令人记忆。如果在你的脑中能够有一幅与数字相联系的图画，那就可以使你牢牢地记住了。在三十年前，我每晚要有一次演讲，每晚要写一页简要的演讲稿，每段话的大意都要用一句话写出来，这样约有十余句。有一天晚上把语句的次序记错了，结果说得不知所云，可是我却想出了一个方法，在指甲上写上了十个号码。第二天晚上登台演说，不时注意着自己的指甲，但后来又忘了方才看的哪个指甲，于是看了一个拭去一个。可是，这一个举动，便又使听众感到奇怪，奇怪我为什么老是注意自己的手指。不用说，这次的演说是失败了。

忽然我想起了用图画代替次序的方法，我的困难，便就解决了。我画了六个图画，足以代替十余句话，我把图画抛弃了，不论在什么时候，只要把眼睛闭上，那图画便立刻显现在眼前了。由于图画的帮助，从此我能够记住我要说的话了。

记忆数字是一件不容易的事，马克·吐温用了图画，然而除了图画之外还有不少的方法。比方像上海，有人感到记忆电话号码的困难，于是想出了一个谐音的办法。云飞汽车公司的电话号码是三○一八九，于是首先取谐音为"三拳一杯酒"。这方法，有很多人使用，差不多上海记忆电话号码大都采用了这个方法。实在，除此方法之外，我们也未尝不可另找别法。比方，上海光明书局的电话是九六四二〇，那你记住从下面的"〇"数上去，每字是双数，而顶上一字是最大的单数。这样你就又易于记取了。读者，你很聪明的，我不再举例，有许多你可以自己去发明了。

上面所举的例子，是由联想而增进的记忆。可是，复习也是增进记忆的方法的一种。如果你做了充分的复习，无论多长的材料，你都不难记住。我国私塾里的学童，常常要背全部的四书五经；埃及首都的伊尔哈资大学，是一所拥有两万多人的回教大学，那里入学考试的科目，有一科是背诵《可兰经》。这《可兰经》的经文，差不多和《新旧约》一样多，一个人背诵完毕，必须整整的三天。然而，为什么大家能够背诵呢？不用说，就是因为复习的缘故。

所谓复习，并不是像村童那样盲目地死诵，我们也应该把一些智慧加进去，那么，就可以事半而功倍。据艾宾浩斯教授对学生的测验，他说用许多极无聊的拼音字令学生熟读而背诵，结果，他发现在三天中复习三十八次可以熟习，但是如果叫他们要一口气熟读而能背诵，就须复习到六十八次了。根据了这一点，我们要熟记我们的演说，不要一口气就想把它背熟，所以我们的演说，可以早早地准备，每天定出时间来练习，那你牢牢地记住是并不感到困难的。

我们怎样把演说的要点来记住呢？第一，可以借外界的刺激，像因为你有演说的底稿而就想起了你演说的要点。但是，你在演说的时候，老是看着你的底稿，这是谁都不会欢迎的。所以这一点并不好。第二，你可以借用和你心上已有的事联想起你的要点。但是，你须得把它们排成顺序，可从第一个要点自然地联想到第二个，由第二个再自然地引到第三个。比方，我们有几个无意义的字，把它们排成有意义的一句或是两句，那么，即使你并不看这句子，只要你想一下就立刻可以想起来了。

六　临场忘词的几个救急方法

一位演说者，在事先虽然有着充分的准备和练习，他走上讲台，还是可能发生问题的，这也是难免的，比方说讲到半途而突然把演讲词忘掉了。像前面所说的美国幽默大师马克·吐温在十个指甲上做十个记号，以后用图画来联想起要点，这都是使讲词不会忘了的一种趣味的方法。可是，我们突然中途忘了，瞠目结舌，望着台下听众而不能再讲述下去，这并不是没有的事。到了这一个地步，那真是苦恼达于极点，面红耳赤，额汗直流，恨不得地上有一个洞立刻钻了进去。但是，他为要保持自己的尊严，所以还不肯在这苦恼的失败之中默默地坐下，他觉得只要能够给他安静地想十几秒钟，便可以使他想起下一点或是其他的几点。可是，他站在听众之前，要想得到十几秒钟的静默，这是很觉得难为情的。

这时候应该怎么办呢？第一，你不妨向台下的听众询问，你所讲的声音是否够高，坐在后排的人能否完全听清？你拿着这一个问题向听众征求答案，你不是自己有了十几秒钟给你思考的机会了吗？虽然你明明知道你的声音很高，在整个的场中，不论哪一个角落里都可以听到的，但是你尽不妨来一下这样的打岔而救一下你的急。如果你是外地人的话，那还可以借着方言的不同而向他们询问是否懂得；或者，把你所讲的东西赶快编成一个问题叫大家回答。比方你正在讲"贫民问题"，你就可以说："假定一家贫民，家里有三个大人四个小孩，大人每天吃一斤米，小孩吃半斤米，现在的米价是多少，我们试为他们计算一下，别的钱一文不用，单单米要多少钱了？"你讲到这里，举起你的两手，把右手指压在左手的手指上，像是要计算的样子，你实际并不在计算，是在思索你忘掉了的说词，但是有谁知道呢？他们只知道你是在计算贫民的米钱，他们也许会帮助你计算的。你利用这样一个机会，把说词回忆起来，又可以继续滔滔不绝地讲下去了。

这种救急方法，好是好的，可是，万一你竟无法回想出你已忘掉的说词，那你不是仍旧要失败的吗？于是我们来应用另一个方法了。这另一个方法，就是把你刚才所讲的末一句或是末一字或是末一个概念，作为下文的开端。这也可以使你的演说不断地从另一条路上发展下去，仿佛黄河里的水，冲入了淮河，依旧滔滔地流着，不过是改了一个方向一样。

这方法我们怎样应用呢？我们不妨举例来说：

假定我们的演说，题目是《怎样可以获得商业上的成功》。我们讲着"普通的商业雇员，他们之所以不能获得晋升的原因，就是因为对于自己的工作，很少有着真正的兴趣，很少有着创造力的表现的缘故"。讲到这里，你把下面的说词忘掉了，但是，这末一句的"创造力"三字，你不妨抓住了，就从这三个字上面来姑且地讲下去。即使你讲得不好，至少比整个的失败要好一些。

现在，我们就来试试说：

创造力的意思就是自发的,从你自己心里想出来做一件事情,不须等待别人的授意。

你这样把"创造力"来解释一下,并没有怎样的特色,但是比你对着众人的面而静静地默想当然要好得多。如果此时已经想出,那插进了这样的一个解释,对你的演说也并没有损碍。如果此时你还是不能把忘了的说词记起来,那你还可以在这个解释的末一句"等待别人的授意"的意思上继续地往下讲:

必须要等待别人去授意、去指导督促而不会自动去思考工作的雇员,其麻烦是令人想象不到的。

你这样的临时胡诌,终算不曾发生了阻碍,要是还无法把忘掉的演说词回忆起来,那你就不妨再继续讲下去:

想象——这真是所需要的幻想。所罗门说:"没有幻想的人只有消灭。"

当然,你还可以继续地讲下去,从这"消灭"两个字作为开端:

那些在商业战场上消灭了的雇员们,真是实堪怜悯。我说实堪怜悯,是因为只要他们稍微多拿出一点忠心、一点热诚、一点雄心,就可以把他拉过失败和成功的界线的。然而,他们是失败了,他们还不承认原因就是在这里。

这样一面地敷衍下去，一面回忆着已经忘掉的演说词。万一这忘掉的竟无法回想起来，你就不妨努力地考虑着讲下去的新计划，或者在不露痕迹的地方想法结束了。

演说者碰到忘掉演说词的情景的时候，这一节便是为他们所开的一剂救命汤药啊！

七　演讲的选题与篇幅

演讲的选题，它在很大程度上决定了演讲的成败。题目选得好，演讲就容易受到听众的欢迎，演讲的目的就容易实现；反之，就难以引起听众的兴趣，演讲目的就不容易实现或根本实现不了。有听众，绝大多数人和演讲的题目无关，这些人也许就走了，演讲自然难以进行下去；没有听众，或者听众甚少，恐怕演讲就不能开场。所以，演讲的内容至关重要。

一般来说，可从三点去考虑：

1. 现实社会矛盾的"焦点"

社会矛盾的"焦点"，往往能集中反映社会、时代的本质，因而它和人民的各种利益关系极为密切，这样的演讲内容很容易吸引广大的听众，并且演讲也会具有较大的思想价值和社会价值。只是"焦点"问题也许和方针、政策有较大的关联，选取此类选题时，一定要读懂相关的政策，切不可太随意。

2. 听众关心的"热点"

听众关心的"热点",自然容易唤起听众对演说的极大兴趣和热情,听众也许想从演讲中找到对某种问题的解释,也许想了解某种知识,总之,听众是带着某种欲望来的。演讲者对听众关心的"热点"问题一定要有较深刻的理解,不可一知半解,更不能连自己都还没有搞清楚是怎么回事,就贸然地去讲。演讲中一定要坚持健康有益的原则,注意演讲的正确方向,要有自己坚定的立场,不去迎合低级趣味。听众关心的"热点"问题很多,选取什么,必要三思而后行。

3. 专业演讲

这是指专业知识方面的演讲,选题时必须选你最擅长的专业领域,且素有研究,理解得深刻而且有独立的见解,演讲时可以深刻而全面地阐叙,使听众有所收获。切不可打肿脸充胖子,去讲自己不熟悉的问题,或自己尚无足够储备的知识,那是十分危险的,"知之是知之,不知是不知",上得了台,下不了台就难受了。

世界上的问题很多,人们的了解必定有自己的范围,不可能所有的问题都清楚,也不可能对某个问题在短时间内就研究得十分深刻,甚至有研究成果。所以,演说前不管对某个选题有较为充分的准备,也还会有不足的。如果选题不要那么大,定在某一点或几点上,也许演说的效果会好一些。听众一般来讲很难长时间地听一个人滔滔不绝地演说,所以要求演讲的篇幅尽量短而精,一般最好不超过 20 分钟。这样做不仅珍惜了时间,演讲的结构也可以简单巧妙,听众乐于接受。前文中马克·吐温听牧师关于救济穷人的演说，便是一个很好的例子。"言多必失，语多必败"，如果车轱辘话翻来覆去地说，怎么能不叫人烦呢？听领导报告，这个领导讲一次重要性，那个领导又讲一次，基本上是有几个领导讲几次，都大同小异，下面的听众能不烦吗！尽管是下属，迫于领导的压力，不敢走，或者是上头开大会，底下开小会；或者是闭目静思，不知在想什么。演讲者如果把几个领导的话反复讲，听众没有下属的身份，自然会走掉的。

心理学的研究告诉我们：在 45 分钟的演讲中，听众在前 15 分钟注意力集中，获得信息较多，而后的 30 分钟效果很差，收益也很差。非讲学的演讲，最好是短而精，10 分钟左右，一气呵成为最好。如果是内容丰富的报告式或讲座式演讲，就要求事例生动，语言风趣，并穿插活泼的与听众的对话，以调节气氛，吸引注意。当然要避免歌星那种和台下听众沟通的方法，因为太过分了。

美国第 28 任总统伍德罗·威尔逊在世的时候，有人问他："准备一份十分钟的讲稿，大概花费多少时间？"他回答："两个星期。""准备 30 分钟的讲稿呢？""一个星期。""准备两个小时的讲稿呢？""不用准备，马上就可以讲。"这段对话告诉我们：篇幅越短，准备越要充分，短而精是精彩演讲的一大特点，没有大量的资料的去伪存真、删繁就简的过程是达不到短而精的。这样的例子是很多的。列宁的著名演讲《什么是苏维埃政权》全文还不到六百字，演讲时间也只用了三分钟。要是换了别人去讲，不知要讲多长呢！列宁的夫人克鲁普斯卡娅在回忆录中写道："尽管列宁知识渊博和宣传经验丰富……但是，他对每一次演说、每一次报告、每一次讲话，都要精心准备。"

林肯的《葛底斯堡的演说》同样简短，只有十几句话，六百来字，所用的时间也同样不到三分钟，但他却为此准备了足足两个星期。他的演说，思想博大精深，结构紧凑严谨，轰动全国，驰誉世界，成为演说史上最著名的演说之一，让人们长久记忆，铭刻不忘。而在同样的地方同样的场合演讲了两个小时的埃弗雷特，却早已被人们遗忘了。

第三章　如何吸引听众的注意

假如你想从别人的眼中引出眼泪，你自己应当先表示悲楚。因为，我们在演说的时候，听众的态度是完全由我们来决定的。我们忧闷，听众也就忧闷；我们平淡，听众也就漫不经心；如果我们所讲的话极其诚恳，确系是一种发自内心的有力的坚信，那么，听众是决不会不为所动的。

美国的大政治家日瑞安说："口才流利的定义，可以说是演说者能知道他所讲的是什么，并且所讲的正是他心中的意思，也就是如火一般的思想。知识对于缺乏诚恳的演讲者是没有多大用处的。能够劝服听众的演说，是从心间到心间，不是从记忆移入记忆。演说者要欺骗他的听众，要比欺骗他自己难得多。"所以，我们的演说，如果要想引起听众的注意，最要紧的还是靠着我们的热情。

一 用热情感染听众

演说中最精彩的东西，不是外形和智力，乃是精神。你的精神如果热烈，你就可以引起人家的共鸣。狄德罗说："没有感情这个品质，任何笔调都不可能打动人心。"列宁说："没有人的情感，就从来没有也不可能有人对真理的追求。"一位教员，他在教室中上课，他的目的只是为了薪水，所以，他凡是可以偷懒的地方，就得偷懒。他因为精神不济，自己像是要和睡神握手的样子，试问学生能不能提起精神来呢？著名的兽类训练家伦尼说过："一声怒吼，能够使马的脉搏在一分钟之内增加十次。"没有开火之前的士兵，走上前线，心里多少要有些不大自然。待到战事爆发，大炮和机枪的轰炸声音，便引起士兵们的血液沸腾。一位在军队里做政治工作的朋友对我说，训练新的士兵，要把他们开赴到前线去，他们有的内心受到刺激而在颤抖，有的竟还要弃械逃走。所以，当他们在开战之前，就得召集他们训话，为他们作激烈的演说，引起他们热烈的情绪来。真的，一队士兵，好像是演说时的听众，如果领导他们的军官，怯懦得一直在战壕中发抖，要士兵冲上前去和敌人短兵肉搏，这是做不到的。一个军官，身先士卒，领着士兵大声喊杀而向前直冲，士兵的勇气，都被他引起来了。所以，要引起听众对你演说的注意，你必须先要用热烈的情感去引起听众的情绪来。

纽约著名的演说家李特登说："人们都愿意说自己只受理智的支配，但其实整个的世界，都是被感情所转移的。一个人如果努力地装作严谨或极伶俐，那是会很容易失败的。但是，一位以真正的坚信来向你叙说的演讲者，他是决不会失败的。不论他所讲的题目是重大的政治经济政策或是极小的个人旅行杂谈，只要他确实觉得心里有不能不告诉你的事情，他的演说就会像火一样的炎热。他的坚信是用哪一种的形式表达的，那倒并不重要，这全在他用怎样的真诚和感情之力向你演讲。所以，具有恳切和热诚的演说家，他对于听众的影响力有如蒸汽一般地膨胀，他可以在修辞上犯有不少的错误，但是，他的演说是不会遭受到失败的。"

动作诚恳，始能使人感觉诚恳，俗话说"动人心者莫先乎情"。你在演说的时候，在你的脸上和眼中都须发出一种活力的光彩来。你怎么能够做到这一点呢？当然你要有着充足的精神。所以，在你准备要去演讲之前，如果是可能的话，你最好作一点安适的休息。比方像坐着假眠，最好竟是去睡一觉。演讲要以情动人，就是演讲者的感情是来自他对所要表达的事物和情理的体验和评价，让听众和他有同样的体验和评价。换句话说，就是要在表达事理的过程中自然流露感情，而不是大动声色地去表现某种感情。

二　要讲如鲠在喉不吐不快的话

一篇好的演说的要素，就是演讲者的心里，须真有些像鲠在喉中不吐不快的东西。一个心里并没有悲切的人，他去对人家讲一番悲痛的话，这并不是他的真心话，不过是无病呻吟而已。这种无病呻吟，决不会引起人家的同情，说不定反而要引起人家的恶感。一个心里本没有什么话要讲的人，为了人家要他"随便说几句"，于是他就不得不来敷衍一下。结果，他是硬挤几句话说出来，于是，在说者是苦得不堪，在听者也觉得不知所云，因而感到倦颓，感到睡神在向他招手。待到说者说完，他才可以伸一个懒腰，舒一口气，如同在法庭上听到法官宣判他无罪，或者像所受拘留的刑期已满一样地高兴起来。我们为什么要自讨苦吃而强为演说，我们为什么要使听者像受拘刑一般的感到痛苦呢？所以，要么不讲，要讲就拿出一颗真心来。鲁迅说："人家开会我决不去演说。硬要我去，自然也可以的，但须任凭说一点我要说的话。否则，我宁可一声不响，算是死尸。"鲁迅决不"先意承志"，决不"随便说几句"，这是鲁迅的性格。我们要使我们的演说得到成功，我们就必须要有着充分的准备，而对于所讲的事理有着彻底的了解，觉得我这主张，有着独特的见解，有着急于要告诉人的必要，有着像骨鲠在喉而不吐不快的感觉，那就万无一失了。

　　一个在平日不大会写文章的人，有一天他碰到了一个极大的刺激，可以写出一篇极能感动人的文章；一个在平日不大会说话的人，有一天他遇到了一件十分重大的事件，他就可以侃侃而谈地使听众迷住了。这到底为什么呢？因为，他有着要急于告诉人的话，这话在喉间有着不吐不快之感，所以他说出来就能动人了。你不相信吗？这是可以当场试验的。你先假定今天出去在路上被人撞跌了，你立刻爬起来，拖住那将你撞倒的人而向他责问，你将怎样说呢？事实上，这是假定的，你想说的话竟也不知从何说起。可是，你走出去真的被人撞跌了，那时你立刻从地上爬起来，身上的灰尘也来不及拍去，你抓住了那撞倒你的人而向他责问，说起话来理由十足，每一个字音都有着重大的力量，这是为什么呢？原因是你在喉间有着责问他的话，而这话是不吐不快的，因此你说起来就与平时不同了。

假定一个演说的人，他准备演讲的题目是"节俭"，如果他自己并不感觉到节俭的必要，他讲起来一定是有气无力的。他必须对于这个题目从内心里发出热诚来，深切地感觉到节俭的必要。他直接觉察到在我国上海有很多的人，平时花天酒地，死后没有留给自己的子女一些钱，甚至买棺材都发生了问题。他觉察到这种人的可怜，所以他就抱着一种宣传耶稣基督的福音的精神去劝说他们，使他们到了老年的时候还能有饭吃、有衣穿，并且还能有屋居，还能使他们的妻儿老小获得生活的保障。他觉得那班花天酒地的朋友，如果自己不去劝说他们回头改过，那便是自己的一个极大的罪恶，自己将受到上帝的严厉谴责了。这样，他演说的时候每一句话都有着金石之音，可以令人振聋发聩了。

三　要讲有力的话

初学演说的人，他最容易犯的毛病，大家以为是说话太武断，其实不然。一个人的演说须得有一种自信力，自己相信自己的所说一定是不错的，这才能使人相信你的话而照着去做。所以太武断并不能算是一种重大的毛病，倒是用着怯懦的字句，削弱了自己讲话的力量，那才是演说者所犯的大毛病。

演说的话，每一句都要有力。你用着一种不自信的话，你所说的话便变成了无力，你就不能把你的主张，去打进听众的内心，那你自然是失败了。某学校开演说竞赛会，内中有一个学生说得很好，说完之后，他又十分谦虚地说："诸位来宾，诸位师长，诸位同学，鄙人学识浅薄，所说毫无研究，自知错误的地方很多，还请大家原谅，并恳请为我指导！"当时有很多的学生，以为这次的锦标一定是被他获得的了。岂知评判结果，这位学生竟是落选，这真叫人感到奇怪。后来评判者把每人的演说逐一评判，说这位学生，所说很好，理应获得第一的锦标，可是，他在后面加上了一些谦虚的话，把他整篇演说的力量完全失掉了。像他所说，既是"自知错误的地方很多"，那为什么不自己更正了？这便是他失败的主要点。

一队士兵，守着一个城池，如果他们每个人能够自信可以坚守，那么，敌人前来进攻，他们便可以毫不胆怯地出来应战了；如果他们相信敌人势力强大，自己不是对手，自己的守城，恐怕是守不住的，那么，听到敌人前来，他们早就弃城而逃了。我们的演说，正像对着士兵们训话，你把你的话说得软弱无力，这真好像是一位军官对一队士兵说："我们守此城池，恐怕守不住的，因为我们的力量薄弱。"请问，军官对士兵这样说，士兵还能鼓起勇气来死守吗？如果一位军官对士兵说："弟兄们，我相信我们来守这城池是一定守得住的：因为我们每一个弟兄，都有着勇敢的精神，可以以一当百的。过去，某军守某地，他们取得了光荣的战绩，受到全国人民的拥戴，世界军事专家的赞叹。可是，如果当时我们接到命令去守那里，那光荣的战绩，还不是我们取得的吗？因为我们勇气之盛，纪律之佳，素来是有名的，所以今天我们来守此城池，我相信必定能够坚守。敌人前来，予以迎头痛击，我们是不会让某军有所收获的。"这样，士气不馁，说不定会真把那城池守住了。即使不然，至少也不会望风而溃了。所以语句有力，有着坚强的自信力，那便是演说的主要点。

说话要坚强有力，应该断然地讲出来，不可说不肯定的话，也不可说过于谦虚的话。但是，你说得过于断然了，那也是不对的。因为只有无知识的人才会这样。我们在有的地方，有的时候，有的问题，有些听众面前，说着断然的话，也是有损而无益的。就一般情况来说，听众的知识水准愈高，你用有力的断然的说话愈难成功。

照这样说来，不是前后起了矛盾？我们谦虚而不自信，我们的演说要失败；我们既然有坚强的自信，我们自然说话要断然。然而对知识水准愈高的人说断然的话愈难成功，那么，我们的听众，知识水准是不会齐的，我们将怎样说话呢？不错，所以韩非才有《说难》的著作。说话本不是容易的事啊！不过，我们要知道，有思想的人们，是愿意被引导而不愿意被驱使的。他们愿意有事实摆在前面而得出他们自己的结论，他们愿意被人问问题，不愿意听有人用了无数的正面的断然语句，使他们失去自己发表演说的能力。

四　灵活地变更音调的轻重快慢

不同人演说同一个题目，效果是不同的，这是由于各人表达风格的不同。读者，也许我这样的说法，你觉得有些不敢相信吧？好！那我请你一读俞平伯和朱自清两人各写的《桨声灯影里的秦淮河》。他们两人，也曾并肩合坐一只小小的画舫，同时游玩秦淮河，再同时各写一篇同一题目的游记。可是，内容究竟同不同呢？不用说，多少总有些不同的。这不同的是什么呢？就是发表时文章的风格。你怎样的说法，比你所说的内容还要重要。所以，和丙先生同样的话，甲说起来可以娓娓动听，而乙说起来便叫人感到讨厌了。苏秦的说秦，言辞是怎样使秦并吞六国，可是苏秦在秦国是失败的。张仪的说秦，言辞也不外怎样使秦国去并吞六国，然而张仪是成功的。为什么苏秦会失败而张仪会成功？这完全是由于表达的风格不同的缘故。

一位音乐专家弹奏钢琴，和一位普通人弹奏钢琴，虽然两人弹奏着同一个调子，按着同样的几个音键，然而，一则高超，一则平凡，这为什么呢？因为他们两人所用的方法、情绪、艺术和个性的不同，因而演奏出来便成了天才和凡才的不同了。两位书法大家，他们一同临写一部碑帖，虽然大体相似，但是细察之下，并不完全一样，其道理也是一个样子的。

那么，我们应该怎样地表达呢？表达最要紧的，便是对于听众的声音。现代的听众，不论是十数人聚在一室开着小小的研究会，或是几千人聚在一堂开着盛大的会议，每一个听众，都是希望演讲者像和他们每一个人直接面对面闲谈一样。实在，演讲者确也应该这样。

我们对一个人讲话或是对一百个人讲话，态度虽然一样，可是所用的气力并不一样。因为用了同样的气力，那是绝难使听众满意的。为了要显得自然的缘故，对一个人的讲话声音不妨稍低些，而对一百个人讲话，当然要用比较大一些的力气。美国的幽默大师马克·吐温，有一次在内华达州对一群矿工讲话，讲毕之后，有一个听众立刻上前去问他："这就是你口才的自然音调吗？"每个听众都需要听你的自然音调，所以你在大会上的演说，应该和对几个人的谈话一样，不过声音略略大一些，但是仍要"自然"的。

我们要注意"自然"，前面已经说过，同一个材料，两个人有着同样的经历，然而叫他们两个人表达起来，因为各人的方法、情绪、艺术、个性的不同，所以结果便也不会完全一样。汽车大王福特说："青年人应当去寻找使他所以异于别人的个性的火花，尽着全力去发展。社会和学校，也许想把他的个性磨平，使所有的人都是一个形式，但我要劝你们不可失掉了那一星的火花。因为它是使你出人头地的唯一的真正阶梯。"世界上数以亿计的人，都有着嘴巴、鼻子和两个眼睛，然而，你决不能找到一个和你长得一样而分别不出来的人。而且也决不能找出一个和你的性格、气质、心情完全一样的人。一个人的讲话的态度，便是他的个性的表现。这个性是使你出人头地的唯一的阶梯，你就应当使其发展。所以，在演说的时候，动作和声调，不要去模仿别人。假如你觉得别人演说的声调和态度很好，因此你去模仿他，那你是一定要失败的。国画大师齐白石讲"似我者死"，也是这个道理。

态度自然的技巧，就是平日要多多地练习。假如你在练习的时候，发觉自己的讲话不自然，你就应该立刻厉声责问自己，像旧式的商店中老板责问学徒一样。因为，你要知道，你的演说，有着真诚的热烈，你在感情激动之下，一切的障碍，完全被情感的火花烧去了。于是，你的动作，你的讲话，可以毫无阻碍地自然了。

但是，为了使你所讲的话格外地生动和明显，你讲话的音调，须有快慢的变更和轻重的分别。所以，你必须注意，这是自然的表达，并不是有意做作的。有意做作，那便是失掉了自然了。我们平日的讲话，本来早已有着一种音调，如果你不合调，你讲出来人家将听不懂。一个友邦人讲当地话，他一字一字不分轻重地讲着，不分快慢地讲着，你能听懂他在讲些什么吗？你的讲话，平时本来已有快慢和轻重了，当你碰到要使你的所说格外地生动和明显的时候，你把你的讲话，格外地讲得快慢轻重，以显示特别的神气。

你望着高低不平的海波，还有荒凉不毛的沙漠，你当然不会产生同样的感想。唱歌为什么好听？因为声音有着轻重快慢的变化的缘故。你的讲话，虽然不必像唱歌一样，然而也不能平静得像死水，叫人听了讨厌。所以，当你在演说的时候，忽然发觉你的音调平淡乏味，而且用这平淡乏味的音调表达的时候，你的声音多半是高而刺耳的。你在这时候可以立刻停止几秒钟，这对你是大有帮助的。因为，一个声音，在平凡而呆板的过程中，突然地中止或是突然地高起来，都是给人家耳朵以特殊的刺激的。一个教员，在教室中舌疲唇焦地讲解，可是言者谆谆，听者藐藐，大部分的学生，谈话的谈话，看小说的看小说，如果教员突然停止了讲解，那就像平静的河水中投入了一块石头，立刻不平静而引起大家的注意了。

你可以随便规定着哪几个词类或是短句，在读的时候，突然地高声或是低声，或是快说或是慢说，因为能够给人以特别的刺激，所以也就能够给人以特别的注意。著名的传道师凯德曼博士就是这样做的。说一句武断的话，凡是演说家，每一个人都是这样做的。你不妨也来这样地试一下。

现在我且举几个例子在下面：

（1）"我"今天做了一件"好"的事情。

（2）凡是我所从事的，都已得到了"成功"。因为我"决心"要成功。我做事"从不犹豫"，这便是我"胜过"一般人的地方。——拿破仑

（3）我只有一种特长，就是我"永不绝望"。——福煦元帅

（4）教育的最大目的，不仅是知，"而是去做"。——斯宾塞

（5）我已经活了八十六岁，我看过许多人走上了成功之路，他们成功的因素中，"最主要的是信心"。——席朋斯大主教

（6）时人论文体者，有古今之异，虬又以为"时有今古，非文有今古"。——《后周书·柳虬传》

我们试把上面各句中有引号的词句，高声急读或是低声慢读，试看有了些怎样的结果？

史蒂凡先生说："林肯经常很快地讲出许多字。到了他准备要着重说的字句，便把声音特别地拉长或是提高，然后再一口气像闪电一般快地把那句话讲完了。他常使重要的一两个字所占的时间，比六七个次要的字所占的时间还要长。"是的，我们把重要的字慢慢地拉长了声音讲出来，这确是可以显出力量而更使人注意的。比方像下面的两个例子，你看哪一句更引人注意：

（1）他一下子就进账了三十万元。

（2）他一下子就进账了三万元。

照例，三万元的数目比三十万元的数目小，但是，第一个例子平凡地讲了过去，虽然数目很大，可是人家未必就加以注意。第二个例子很郑重地长声慢读，数目虽然较小，可是容易引起人家的注意，而且还觉得三万元似乎比三十万元还要大。

五　牢牢抓住听众的思维

科罗拉多的煤铁公司大罢工，劳资两方，竟致动武而发生流血的惨剧。因此仇恨的空气浓厚而紧张，资本家石油大王洛克菲勒他便是劳方痛恨而唯一被诅咒的人物。但是，小洛克菲勒，他在工潮不可收拾的时候，竟然出来向劳方演说。一番劝导，立刻化干戈为玉帛，劳方竟听从他的主张而实行复工了。

莎士比亚的名著《凯撒大帝》中，前文说到当凯撒大帝被二十三位谋夺大权的暴徒刺死了，凯撒大帝的左右手安东尼，有人也主张把他杀死；有人因为他有动人的口才，主张把他收为己用。但是，安东尼要求对着凯撒大帝的尸体说几句话。可是，安东尼上台说话的时候，一群疯了似的群众声势汹汹地对着安东尼，而对于那班杀人犯，却又表示着同情。但是，安东尼处在这样的情景之下，一番演说，竟把当时的形势完全翻了过来，他们大家都觉得凯撒大帝不坏，而这班杀人犯实在不对。所以，结果是大家抬了凯撒大帝的尸体，流着眼泪而用圣火埋葬了，同时，再去烧毁了那班叛徒们的住宅。

这里所举的两件事，在本书的前面都已经说过，所以，此地仅仅是简略地提一下。

为什么小洛克菲勒、林肯、安东尼他们在十分恶劣的环境之下，一番演说，可以云开而日出，化干戈为玉帛，化仇敌为友人？这其中有什么精微奥妙的地方吗？有的，他们的秘密，就是抓住了听众的精神。"酒逢知己千杯少，话不投机半句多。"这是一句我国的老话。你要使你的演说引起听众的注意，你就得把你所说的话和听众两相投机。如果你先给听众的心里存着一个"不"字，那你还是不必向他们演说的好，因为已经话不投机，你说了有什么用呢？

小洛菲克勒，他的引起听众注意的秘密，就是自己先和对方成为朋友，使对方先和他有了友好的感情，然后再说着"为了两方的利益而互相讨论"，这显然是使对方高兴的，对方的心立刻被他抓住了，他怎么会不成功呢？林肯用着一种同情恳切的言辞，把对方的仇视的目光，一变而成为亲热的友爱的目光。他使对方的心，完全和他的心起了共鸣作用。于是，所讲的话，不会再有不投机的地方了。无怪乎这一班仇人，将来成了他的拥戴者了。安东尼先顺着群众的情感，称赞那班暴徒的英雄气概，先把群众对他怒视的目光缓和了。然后，他再举出凯撒大帝的一件一件的好处。他并不为凯撒大帝辩护，只是把群众已经被感情所忘掉的事实列举出来，使群众已经在感情之下忘掉的事实重新在理智之中回忆起来。这些，都是他们引起听众注意的一种方法。

一个大演说家，他的声调不管是怎样好，动作不管是怎样得体，要是他不能够抓住听者的心，无论如何他所讲的一切都是不能引起听众注意的。即使你不想做一个大演说家，然而，你每天都要和人家谈话，你不能老是和人家的意见相左而失友遭仇。普通人总是不去找和人家共有的意见和欲望，不管对方的内心，只是发泄自己的意见，这无怪乎常常要三言两语之后便发生摩拳擦掌的举动了。"一滴蜜所能捉得的苍蝇，比一加仑毒汁所捉得的苍蝇还要多。"你所讲的话要想引起听众的注意，你必须要牢牢记住这一句名言。

六 声音

演讲主要是靠说话来表达，声音就成了极其重要的因素。声音的基本要求是准确清楚、悦耳优美。作为一个优秀的演讲者应该做到咬字正确、吐字清晰、字正腔圆、音色纯润，这是吸引听众的重要条件，也是必备的基本功。

音准是要求发音标准，咬字正确。标准的普通话是演讲中最合适的语言，不管在什么地方讲普通话，听众都可以听得清楚。如果是南腔北调，或方言杂语，听起来就很困难；如果演讲者再口齿不清，含混难辨，好像嘴巴里含着什么东西，这势必使听众更听不清楚，勉强去听又很困难，这不等于受罪吗？耳朵听不清，大脑中就形不成准确的观点，没办法达到心理相容，听众必然要走，演讲只有失败。不说普通话，四音不准，含混不清，这是演讲的一大忌讳。

如果音准的问题解决了，而音色不好仍然不行。音色是指人的发音质量，要求音色清亮、圆润悦耳，富有艺术的美感。人生下来嗓音是不一样的，如果每个人都要求像演员，或像歌唱家一样，那是不现实的。但是，通过训练，可使音色有所提高，可以学习科学的发音方法，并使自己的声音尽量的清亮美丽。如果不能达到较高的水平，但至少不能出现嘶叫、漏气、颤抖、鼻音太重等现象。这些现象的出现，不但会影响音准，而且非常容易使听众的耳朵难受，会使听众的神经受到刺激，听众绝不会在这样的环境中多待，只有一走了之。这样的声音严格地讲是噪音，噪音只会刺激大脑，使人感到头痛，无法逻辑思维，哪里还能认真地听演讲者的观点。人在噪音环境中，只能待一小会儿。所以，如何练好自己的嗓子，使音色能好一点，是吸引听众注意的一个重要因素。这里有一点要指出，有些唱通俗歌曲的人的嗓子并不好，有的沙哑，有的尖细，有的……但也在唱歌，甚至还有特殊的效果。听唱歌和听演讲是不一样的：听唱歌，可以取其味，有某种感觉就行了，甚至歌词听不太清楚也关系不大；听演讲，是必须要听清楚的，字字句句都要听清楚，来不得一点含糊。它不是听感觉，是听语言、听思想、听观点，自己还要动脑子考虑、分析。演讲，不是什么声音都行的，如果有话剧演员的基本功是最好不过的，达不到那个水平，可以向他们学习。

　　同时，也还要注意到音量的大小，也就是在台上讲话的声音的响亮程度。现在虽然有扩音器，可以把声音放大，不必担心后排的人听不到，但是，扩音器里出来的声音总要影响音色的清亮秀美。这就好像话剧演员不用扩音器一样，能把说话声音送到最后一排，也

第二编　怎样演讲

153

还听得清楚。好的演员的声音是很有魅力的，听这样的声音是一种享受；好的演讲者的声音也是很有魅力的，听这样的声音有助于听众的思考，使听众在声音的享受中和演讲者达到心理相容，极具吸引力，抓住听众的精神。

另外，还有音调，即是指发音音域的高低变化，或高升、或降低、或平直、或弯曲，这要根据演讲过程中的特定内容和意义来自然地运用。在实际演讲过程中，节奏和速度也应根据内容的需要和情感的变化，掌握变化过渡、快慢、相间、缓急语言，使有声语言俊美秀丽，表现出强烈的艺术感染力。用声音吸引听众是很重要的，演讲者要充分加以注意。

第四章　演讲的内容

　　一个乡间小镇上的小学校开一个游艺会，许多的来宾、教员、学生们相继演说。有的讲着国际形势，有的讲着本国近况，有的讲着教育的重要，足足讲了有好几个钟头。那些听讲群众，一大半是一字不识的乡下妇孺，他们并不是真来听演说的，他们的目的是来看游艺的。他们根本不知道什么叫作国际、什么叫作教育，所以讲的人虽然十分吃力，而他们并不感到需要。他们在不知不觉中喊道：
"不要讲了，快些做游艺吧！"不用说，这班演说者完全是失败的了。他们失败的原因，就是不能了解听众，而且还不知道演说的目的，至于怎样演说，那是更不用去谈了。

　　一篇演说无论如何总是离不开下面的四个目的：

　　（1）说明一些事情；

　　（2）感动人和说服人；

（3）获得行动；

（4）使人发生兴趣。

虽然演说的人学贯中西，可是，不能了解听众，还不如一个学识浅陋的人的所谈。对着一班一字不识的乡妪谈什么国际时事，正无异于一个乡下人对一位科学家讲鬼话。所以，演说的内容，必须要切合听众的程度。我们与其对乡妪谈什么国际时事，还不如对他们谈小鸡怎样养育比较容易长大、猪如何喂，那还实用一些。

"对什么人讲什么话"，这是一句我国的古语。你不把对象认识清楚，你是劳而无功的。你所讲的内容，必定要使对方认为有用，那才不至于遭遇到惨败；你所讲的词句，必定要适合对方的程度，那对方才能懂得。比方，你的面前是一群毫无科学知识的群众，你讲着许多科学上的术语，在你自己以为讲得十分浅显，可是他们听了却完全茫然不知所以，你便遭受到了失败。你演讲的时候，一面要认清你演讲的目的，一面还要了解听众的程度。像学校里在开游艺会而表演节目，为了布景须花些时间，深恐观众面对那闭着的幕帘而感到厌倦，所以，你出来讲几句话以解除他们的寂寞。那你的目的便是在使人发生兴趣，便不该去讲一篇大道理的演说，只宜讲些有趣的故事之类。否则即使你讲的大道理他们人人可以懂得，然而不是他们所需要的，说不定起初大家容忍着希望你快快讲完而开幕，后来会容忍不住，恶意地鼓掌欢呼，并且加以讽刺，以后还会接着来了嘘声怪叫，把你赶下台去。你不愿意当众受到像这一类的耻辱吧？那你就得注意你演讲的内容，不但要适合听众的需要、听众的程度，同时你还须注意到怎样才能使听众更容易了解而产生兴趣。

一 主旨要鲜明

演讲的人如果含糊笼统，那么听讲的人势必囫囵吞枣，似懂非懂，像雾中看花般的不大清楚。你要使你所讲的意义清晰，人人懂得，最好你要多方比喻。耶稣的门徒向耶稣问为什么讲道的时候总要用比喻，耶稣回答说："因为他们虽然在看却是看不见，虽然在听但也听不到，根本是为了他们不懂的缘故。"耶稣的话很有道理。因为，假定你自己是一个听众，现在你听着人家的演讲，但是所讲的题材，在你并不熟悉，你要不要演讲者来一个比喻呢？比方：你是生长在热带上的，你从来没有见到过雪这种东西，现在有一位演讲的人讲到雪了，雪是什么东西呢？它的形状怎样，性质怎样，你根本就不会知道。如果演讲者使用比喻，说是在寒冷的时候，天空降下来的小颗粒，颜色是白的，有些像白沙、白糖，撒得满山遍野，成为了一个白色的世界，待到太阳出来，或是受到了热，就慢慢地融化成水了。这样，听的人自然就明白许多了。

我们所讲的话，最好要给听众留下深刻的印象，仿佛刻在钢板上的花纹，不易磨灭。要达到这样一个目的，必须意义要清楚，否则便像在海边沙滩上写的模糊不清的文字，只要有第二个可以引人注意的浪头来袭，那些模糊不清的文字，便就消失得无形无踪了。

现在，我们举两个例子在下面，你可以比较一下，究竟哪一个比较清楚，比较容易深深地印在人家的脑海里：

（1）离地球最近的星球的距离有 35000000000000 里。

（2）从地球上开出去一列火车，如果每分钟走一里，那么，达到距离地球最近的星球，须得要走四千八百万年，然后才能达到；假使在那星球上有人唱一支歌，歌声传达到地球上我们人类的耳朵里，须得经过了三百八十万年；用一根蜘蛛的丝，从地球上拉到那个星球上，这丝须得要有五百多吨重，方可以到达。

上面两个例子，第一个是率直地说的，第二个是用比喻的方法的。我们把两个例子对照，觉得第一个不大清楚，不能在我们的脑海里留有深切的印象。而且这样一个大数目，我们不但不容易记住，大到如何程度，我们少有经验。因此到了我们的脑中，只好像写在海边沙滩上的文字一样，只要有别的可以使我们注意的地方，这个模糊不清的印象便立刻消失无形。

应用比喻，目的是在使人家更容易清楚明白，所以，如果所用的比喻不被一般人所熟知，那所用的比喻，等于没有用一样。基督教的圣经上，有着"虽然你们的罪恶是深红的，它们将可以变成像雪一般的白"这样的一句，有些牧师们想把它翻译成非洲靠近热带的居民的方言。可是，那里的民众，根本没有见到过雪，他们还不知道雪和煤炭有些什么样的区别，所以，翻译就困难了。假如把这一句直译成为硬译，那就会像我国某文学家把"银河"翻译成"牛奶路"一样的不通和可笑。那么，他们将怎样地译呢？聪明的牧师，见到那里的土人，常常爬上椰子树去采椰子吃，因为椰子的肉也是白的，所以他们就改译为"虽然你们的罪恶是深红的，它们将可以变成像椰子肉一般的白"。本来原文用"雪"来比喻忏悔后的罪恶的，但是非洲那里靠近热带的居民根本不知道雪为何物，所以用了椰子肉来比喻，他们便可以明白了。在演说的时候，我们使用比喻，必须要注意的，这比喻是听众所熟知的，那么，你使用比喻则易于得到成功。

物理学专家罗滋爵士，他对普通的听众讲述原子的本质和体积，他就应用了这比喻的方法。因为他的听众，有许多人曾由直布罗陀海峡到苏伊士运河驶过一周的地中海的，所以他说道："一滴水中的原子，正像地中海里的水滴一样的多。"他这样地说了还不算，为要使得更明显起见，所以又说："一滴水中的原子，正像地球上的草叶一样的多。"因为，有许多人到过地中海，但是这听众之中说不定尚有未到过地中海的。这样比喻，自然，不问你到没到过，你都可以格外清楚明白了。

你以后在讲话的时候，可以应用这一个原则了。如果你想描写那伟大的金字塔，第一，要告诉你的听众，它的高度有四百五十一尺，然后你再把他们日常所常见的建筑物来作比喻，告诉他们有几倍的高；你要告诉他们金字塔基底的大小，你最好还是对他们说占据这里的多少街道和多少房屋；你要说一个大的容量，你不必说有多少加仑或是多少桶，你可以说把那东西放在这个演讲的大厅里可以完全塞满。那么，听众听了你的这句话，用眼睛向四面看了一下，就可以很清楚地懂得了；你要说一个距离，不必说有多少里，你不妨说从这里到火车站或是到某街一般的远，这样，人家经过比较便可以格外地明白了。

这里不过略略地说一下，举一反三全在你自己的活用了。

要使你所讲的意义清晰，不仅是用比喻的一种方法，你用着平易的文字，也是可以达到你的目的的。林肯对克诺克斯专科学校的校长高利华博士所说的一段话，那是很可以给你们作为参考的。

这段话现在不妨抄录下来：

在我早年的回忆中，记得很小的时候，如果有人对我讲的话不明白，我便要生气。在我的一生当中，再没有什么事比这更让我愤怒的了。只有这一点，让我经常发脾气。我还记得当时听完邻居和我父亲一晚上的谈话，回到小小的寝室中，我总要花费很长的时间在屋子里走来走去，想把不懂的地方弄明白。我常常因为想不明白而睡不着觉，即便想出了自己还觉得不满足，必须举一反三，把它用言简意赅的字句表达出来，让小孩子都能看懂，才算满意。

林肯用这样的办法，正像唐朝诗人白居易的做诗。我们不管是做诗、作文、演讲，目的是要人家清楚明白彻底地了解。那你为什么不要走这一条路呢？

记着！在烟雾中决不能照出十分清楚的相片，所以你的演说如给人家一个模糊的印象，这真像烟雾中所摄的相，人家是不会欢迎的。

应用图画和表格，这也是使你演讲清楚的一种方法。据科学的研究，通达于脑的视觉神经多过通达于脑的听觉神经。所以，用东西来刺激眼睛所引起的注意，要多于用东西来刺激耳朵所引起的注意的二十五倍。

我认为一个人不能只依赖讲话使人了解和抓住人家的注意力。一种戏剧式的补充，那是十分需要的，所以，只要是可能的话，你最好应用图画来帮助你说话。应用图表解释，比使用空洞的语言容易说服人，所以，应用图画，更是叫人容易相信。表达一个题目的理想方法，是把那个问题的各个细目都用图画来代表，文字只是用作把它们的关系连接在一起。我早已发现，在和人家交涉的时候，一幅图画，比我所能讲出来的不论什么话都有价值。即使是一张十分拙劣的图画，所收的效果，也是惊人之大的。

上面这一段话，是纽约现款计算器制造公司的经理约翰·柏德生所说的。这一段话是极有价值的。不过，我们要知道，并不是每一个项目在不论哪一种的情形之下都可以用图画来表现的，我们能够有着用图画表现的机会，不可轻易地放过。因为，这不但可以引起人家的趣味而容易得到深刻的印象，同时对于我们所讲的意思，也可以加倍清楚。

"百闻不如一见"，这是我国的一句成语。你与其只用口讲，不如用表解和图画来帮助你的讲解，使得听众对你的所讲能更容易领悟。然而，表解与图画，究竟还是死的，所以，你如果能够表演，那就使得人家更清楚而且容易明白。上海的法院中，有时捉到了杀人

第二编　怎样演讲

的凶犯，在将要判决之前，常常带着凶犯到出事地点去表演一番当时的情形。为什么要这样做呢？为的是使案件发生的情形格外地清楚明白。所以我们的演讲，如果能够像戏剧式样的表演，那自然是更好了。

石油大王洛克菲勒，曾经在《组织》杂志上发表过一篇文章，述说他用了表演的方法，说明科罗拉多州煤铁公司的经济状况，使得要求增加工资者竟无法再行开口。现在，我们不妨把那篇文章摘译一些如下：

有一天，我们开会的时候，我用实在的例证，解释公司的经济状况。我拿一些钱币放在桌上，然后我首先拨开钱币的一部分，代表了工人们的工资，因为公司方面第一项的支付就是工资。我再拿一部分钱币代表职员的薪金，把剩余下来的代表了经理和董事们的报酬。结果，股东们没有什么剩余的可分了。于是，我对他们说："诸位，本公司是由四方面的人士合股经营的，现在，你我员工理事的三方面，多少得到了一些报酬了，可是，股东方面分文未得，这种情形，能不能称之为公平呢？"

我解释完毕，有一个人竟站起来要求增加工资，我就问他："股东未得丝毫利益，你反而要增加工资，这能不能算公平呢？"他自认为有些不大公允，终于我不再听到要求增加工资的事了。

我们要使我们所说的内容格外清楚明白，我们不能单靠口讲，如果能有别种方法来帮助口讲，那还是要采用帮助的方法的。

二　不用专门名词

前面已经讲过，林肯的演说，爱用平易的文字，为什么呢？因为他希望自己所讲的内容清晰而容易使人了解。演讲和作文是一个样子的，作文不宜用古字，说话也应该避用专门名词。如果万不得已而用了，也须加以详细地解释，否则，人家是不会懂得的。假使你的职业是属于专门性质的——像医师、工程师、律师之类，你在谈话的时候，尤其要特别地注意：因为，由于你的职业的关系，你很容易说出你职业上的专门名词，你的听众，未必一定是和你同业，你说了以后叫人如何能够懂得呢？

一种很有益的练习，就是从听众之中去选择一位好像知识最浅的人，你努力地使这个人对你所讲的话感到兴趣。这只有使用清楚的字句，讲明事实，解释道理，那才能有效。一个更好的方法，就是集中你的谈话到与其父母同来的小孩的身上。你要使你所讲的话极明白简单，就是小孩也能够了解的，并且在散会之后，小孩子们还能够说得出你所讲过的话来。

上面的一段话，是美国大演说家毕菲瑞芝的名言。我国唐朝的大诗人白居易，做诗要使老妪都能明白，两人的主张正是一样的。我们对一个普通人说着许多的专门名词，普通人是不会知道你在说的是些什么的。假使你要一杯白开水，你对人家说："我要二十个西西的在摄氏一百度以上的二氢一氧。"这样，不是闹成笑话了吗？你觉得这样一句是笑话，那你所讲的话即使偶然夹上一两个专门名词，那还不是五十步和百步而已！

　　现在一般普通人，讲起话来老是要用上几个专门名词，以显示他自己的学问渊博，其实这种空架子，足以表示他的学识空空。顾亭林先生说："以今日之地为不古而借古地名，以今日之官为不古而借古官名；舍今日恒用之字而借古事之通用者，皆文人所以自盖其俚浅也！"这真是一针见血的话。

　　讲起话来喜欢用专门名词以显示自己学问的渊博，这与老学究讲话，一定要满口之乎者也，以显示自己的文质彬彬，那是一样可笑的。我们为什么要去笑老先生的满口之乎者也而不去笑自己爱用专门名词呢？如果回头一想，那还不要脸面上发烧吗？

　　讲话爱用专门名词是不对的，但是，在所讲的话语中，夹上几个英文单词，那也是不对的，刘半农不主张用"密斯"和"密斯脱"便是这一种的意思。你在都市中，像这样的字人家还能知道，你到乡村中去，他们根本不知道是什么东西。他们不懂"密斯"究竟是一个果子还是一只动物，那不是成为笑话了吗？

　　普通人喜欢用专门名词和英语在自己的谈话中，这是不对的。我们虽也懂得这一点，我们决不想和人家一样，所以我们在演说的时候决心要避免这一点。可是，如果我们的职业是有着专门性质的，那我们更要特别地留意。因为我们虽然并不想说出专门名词来，然而在不知不觉中，那也是很容易流露出来的。

三 形容要得体贴切

为了使我们的讲话清楚而叫人容易懂得，设辞比喻，多方形容，这是很要紧的。可是，我们的形容，也须形容得当，这样听众才能听得明白，而你自己讲话的目的也才能达到。

有一位无神论的学者，有一次对英国神学家裴雷牧师说上帝是没有的，并且再要求这位牧师来反证他的意见。裴雷牧师立刻取出他的表来，打开表盖，指给这位无神论的学者看了说："如果我告诉你，这一个表中的轮子、发条、杠杆，它们自己凑在一处并且是自动的，并没有人为装在一处，你会相信吗？你当然要问我这是根据什么说的。但是，你仰起头来，看看天上的星斗，它们各自有着固定的位置，各自照着一定的轨道行动，这正和表中的轮子、发条、杠杆一样的。地球和行星绕着太阳旋转，每天要走一百万里，而且每一颗星，就是另一个太阳和它的世界，在空间的移动，一如我们的太阳系，然而，彼此也不曾有相碰、紊乱、纷扰，它们的一切都是有条不紊的，那么，你能说它们这些是自己生成的还是说它们有着造物主的规定呢？"

这一种说法颇为动听，我在这里所以引用，并不是我在宣传宗教，因为觉得它形容得体，比拟合适，所以便举以为例。

现在我再来举一段广告上的谈话：

　　某一种牌号的信笺，质料式样都好过于普通的信笺，所以价格方面，当然不免要贵了一些。可是，因为价格较贵的缘故，所以营业上不免要多少发生些影响。于是，推销这一种牌号信笺的销货员，他们就得使用一种良好的广告法了。他们的广告，说是这种牌号的信笺，比较普通最贱的纸张还贵不到半分钱。如果，在一年之中，你给一位顾客写上十封信，那么，多花的钱，还不及你请了该顾客一张电车票，而且还不及你五年中请顾客抽一支普通的雪茄。

　　我们想，替人家一年中买一张电车票，这算得什么！我们在一个月之中，在电车上碰上朋友而代朋友买票的次数也不知有了多少次呢！这样，你还能觉得这种信笺贵吗？这样的形容、比拟，令人感到有趣，而且又是十分得体的。

　　现在，我再举两个例子来谈谈：

　　一家人寿保险公司的经理，对他的属员，讲述保险费如何的轻微，以便下属员工们作为宣传的资料。他说："一位不满三十岁的人，如果他每天自己刮脸而节省下五分钱的刮脸费，把它存下作保险费，到他死的时候，可以留给他的家属一千元钱。一位每天要吸两角五分钱纸烟的三十四岁的人，如果他肯把这些纸烟钱省下来作为保险费，那么，他可以多活几年，并且在死后还可以留给他的家属三千元钱。"

　　一位纽约的电话公司的职员，他感到人家听到电话的铃声并不立刻拿起听筒来接话，他因此说道："一百次的电话接上了，内中有七八个人在听到铃声之后要迟一分多钟才拿起话筒答话。每天像这样耗去的时间是二十八万分钟，在六个月之内，把每天这样耗去了的时间总计起来，那么，哥伦布从发现新大陆以来每天的工作时间便完全消耗去了。"

如果形容得体，把一个小小的数目变成了巨大的数目，听者也不觉得像是形容过度而不会不相信的。反过来，就是一个巨大的数目，也可以使人觉得并不巨大而露出惊骇来的。比方，你说假使我国全国的人完全吃米饭，每一天要吃掉四百万石米，这个数目当然是大得可以；如果你说东三省人口共有三四千万人，每天吃去四十万石米，每人平均吃米一升，这样，听众便觉得这个数目并不巨大了。

所以，你的形容，必须要得体。像李太白的诗句"白发三千丈"，虽然修辞学上并不说其形容不当，可是听众听了终觉得不过是一句文字上的形容语句，绝不会信以为真的。

四　抓住听众的兴趣

我还是要在这里不厌其烦地重复引用一句老话："一滴蜜所能捉得的苍蝇，比一加仑毒汁所捉得的苍蝇还要多。"我们的演讲，一定要使听众感兴趣，那才不会失败；否则你在指手画脚地演说，听众或者早与睡神携手，或者早就一个个溜走，到后来一个偌大的礼堂中，成了癞痢的几根头发似的。我想，你一定不会感觉到好笑，只是感觉到无趣而已。

美国的约翰·西德尔，当他还没有主编某杂志的时候，他有着下面的一段谈话：

人们大都是自私的，他们感兴趣的，主要的还是他们自己。他们决不会留意铁道应不应该归国有，但是他们却极愿意知道怎样可以使他上进？怎样可以使他得到更多的薪金？怎样可以使他能够获得健康。所以，如果我做了该刊物的主编，我就要告诉大家：怎样注意他们的牙齿？怎样沐浴？怎样在夏天乘凉？怎样去找寻职业？怎样对付属员？怎样购置房地产？怎样增强你的记忆？怎样这样和那样？人们永远对人生的故事发生着兴趣，所以我要请富人们详细地述说他们怎样去经营房地产而赚到了百万；我要请几位社会上著名的银行家和各种事业的领袖，述说他们怎样从困苦的境遇而能够挣扎到有钱有势的地位。

西德尔的这一番话，究竟有没有价值呢？我们看他说了这话不久，便做了该杂志的主编。于是该杂志真的不胫而走，有了惊人的销量，从数万突增到二十万、三十万、四十万、五十万而一直到达高峰的二百万，为什么能够达到这样呢？这就是西德尔能够迎合读者的兴趣，抓住了读者的心理的缘故。我们演说的时候，西德尔的这个主张，那是很可以给我们作为参考的。

在演说的时候，你讲述一些理论，也许人们会感觉到讨厌的。但是，你要是讲述一些人事，你就能引起他们不少的注意。社会上一般人的谈话，总是爱谈某人怎样发财，某人怎样倒霉，某人的艳史，某人的秘密。我国上海在前几年有某一种日报，不知怎的竟没有人看了，于是编辑先生别开生面地专门注意于社会新闻，把标题标得奇特而有趣，把一个极平淡的社会新闻栏目点缀得有声有色，结果，该报的销路突然大增。

演讲之中要想引起人们的兴趣，方法是很多的。比方，你到外国去讲述我国的情形，说起我国的富翁，把人家请到家里去吃饭，那位被请的客人，在席间可以回头把骨头随便地吐在地上，这是一种十分平常的事情。因为，你这样做，是表明了你知道主人的富有，他有着不少的仆人，可以在饭后收拾一切。这便是你明显地敬重他的富有，他也很高兴你这样做的。可是，在富翁的家里你可以不必怎样地珍惜物品，但在我国的别处地方，穷人们连洗澡的水都另有利用。因为把水煮沸是很费煤炭的，所以宁可到热水店去零买。这便是讲述日常生活方面去引起人家兴趣的。

除此之外，旧事重提，也是足以引起人们的兴趣的。你看每一个人，他老是喜欢讲述他过去的得意或是失意的事件，这便是很好的一个证据。《天津庸报》的编者，他们懂得这一点，所以每天有一点"旧报新抄"，把几十年前该报上的旧消息，转载一二则，聊以引起读者的趣味来，这确是很好的一个办法。可惜该报把这一栏刊在不大引人注意的地方，这未免是美中不足耳。

我国名人吴稚晖先生，他的演说，常常东拉西扯，不知讲到了哪里。因为他演讲两小时，中间至少要讲一小时的故事和笑话。他为什么要这样呢？为的是要引起听众的兴趣。

　　新奇的事物，这也是足以引起人家兴趣的。我们把一件大家漫不经意的平淡无味的东西，如果用科学的眼光来解释，那就有着无穷的兴趣蕴藏在中间。比方，一页纸片，这是十分平淡的，谁没有见到过一页纸片？几千几万页不可计数的纸片早已见过了，见这一页平淡的纸片，谁会加以注意？谁会发生兴趣？可是，你用物理学家的眼光，来解释它的组织成分，说它是由不少的原子组成的。一滴水中的原子，多到像地中海中的水滴，多到像全地球所有的草叶，这一片纸当中的原子，也和一滴水一样。比原子更小的物体叫作电子和阳电子，这些电子，大都在原子的中心，在阳电子的四周巡游着。大概的比喻就像月球绕着地球转一样，它们各自按照轨道移动，而且移动得很快，快到几乎使人不敢相信，每一秒钟可以走一万里。因为它这样的小，又是这样的快，所以我们只觉得一张纸片是静止的。可是，实际上，它正像天界的星球。如果它们的运动拉成了直线，那么你在北京读这一句的时候，它的电子，早已跑到了辽宁的奉天了。这就是我们从呆板的东西中去找出趣味来的一个秘诀。读者诸君，你演说的材料，当然不会比小小的一片纸要枯燥乏味吧？你应该从各方面去思索，随处都是趣味，正像地球上随处都是黄金一样的，只要你自己肯耐心地发掘。

五　值得被人信任

我们的演讲，一定要有兴趣，那才能把人家抓住。可是，单有兴趣是不行的，你所说的话，还得被人家信任。因为，不能取得人家的信任，人家对你演讲的话也不过当作无聊的消遣之谈，你的演说的目的，不是仍旧不能达到吗？

你的话怎样能够取得人家的信任呢？

第一，你要说得合理，使人家相信你所说的是对的。虽然天下有不少的事情，奇怪得叫人有些不敢相信，可是，只要你说得合理，无论奇怪到怎样，人家还是会来相信你的。你演讲的题目假定是"未来的战争"，你当然要讲到未来的武器。这未来的武器虽然是你想象的，但是依照科学的原理，那并不是空谈，确实是可能的，那便是合理的，人家还是能够相信的。你说未来的建筑大都是在地下的，理由是为避免战争时的轰炸和毒气。因为普通房子的建筑，必须保持光线充足和空气流通，可是现在在大银行、大公司中，他们虽然有着不少的门窗，光线似乎不会不足，但是他们的办公室，即使在白昼，还是要把电灯打开着，可见由门窗取光的原则已经不大合用了。至于空气的流通，现在的科学十分发达，可以用人力制造一种机器，所以即使在地下，空气不大流通，有了人造设备，那也没有关系了。假使你要讲天上的战争和地下的战争，你当然可以讲飞机在天空的战斗以及开掘隧道而秘密潜入敌人的阵地，这都是合理而人家可以相信的；假使你想入非非，甚至形容得像旧小说《封神榜》一样，那不过使人家听得有趣而已，人家是决不会相信的。

第二，你要说得清楚，使人家对你所说的能够彻底地明白。那么，人家因为明白你讲的究竟是什么，自然容易相信你了。比方，你对人家说一张纸片的世界，如果你只说纸片有着不少的原子和电子，这些原子和电子是一直在运动着的，所以一张纸片，它是永久在动着。你这样的说法，究竟还欠明白，你必须要像前面所说的电子的运动状况那样，这才能使人多一层的明白，因此对你的所说有了多一层的相信。你为了使人家对你所说的话能够听明白，所以你就使用种种的方法。这方面已经较详细地讲过，在这里就不来赘述了。

第三，应该举出实例来，使人家见到了实例，对你的话不敢不信。我们无论讲什么话，能够拿得出凭据，这是最好的方法。你说某一个人是盗匪，有谁敢就此相信你的这一句话？要是你拿出了那人做匪盗的证据来，那么，即使有人要代他强辩，因为有着真凭实据，谁都相信你是对的了。你如果说，一种传染病的细菌，染上了人的身体，人的性命便有了危险，这一句话是谁都相信的。可是你说我们利用那一种病菌的毒素，预先把那细菌自行染到身上，那么我们的身上就已经有了抵抗的能力，我们便不会因为细菌的传染而送掉生命了。这句话似乎不易叫人相信了。因为，已经说人染上了这种细菌是要送掉性命的，那么我们对这细菌应当竭力地避去才是道理，怎么说是预先自行染上以作抵抗呢？可是，为了使你所说的取得人家的信任，你就得举出种牛痘打防疫针的例子来，作为证据，这就加强了你的主张。

我们要使我们的话叫人听了点点头，上述的三项，都是应该加以注意的。

六　不举让听众反感的例子

演讲时，易犯的典型错误，在考虑演讲的内容时就应当事先想到。最好的办法是把自己放在听众的位置上，你期待演讲者的能力标准是什么？因为每个人都可以判定演讲的质量。总结众多演讲大家的经历和自己的教训，归纳出以下一些听众感到反感的习惯和装腔作势的动作，它们是：

开场就道歉　前文谈到过一个学生因道歉太多，未获奖。实际上，再也没有比开场就道歉更令人失望的了。如果演讲人一上台就说：“很抱歉我来晚了，路上车太挤……”“我真不该作这个演讲，因为我对这个题目没有更多的研究……”“我本来不会演讲，我是被迫上台来的……”听众听到这样的话一下子就像浇了一瓢冷水，哪里还有什么兴趣听下去。谦虚是应该有的，要严格地把握分寸。过分的谦虚，势必会损害你的自信心，也使听众对你没有信心。

缺乏准备　“看来我在这一点上浪费的时间太多了，很遗憾，我要说的问题主要是……”“我的确应该把这一条删去，可是……”“我没有找到精确的数据支持我的论点……”“我是不是把问题说糊涂了……”演讲者在台上的手忙脚乱，逻辑不清，是因为前期准备不足，最令听众恼怒。他们心里一定在想：“你自己都不清楚，还讲什么呢？”如果演讲者自己都不知道思路该向哪里进行，必然会含糊其词地表达，听者怎么能跟上演讲者的思路，听众的信心逐渐会消失，很快会丧失听下去的兴趣，或不安、或摇动、或一走了之。

工具使用不当、不熟练　使用工具说明演讲的论点，这无疑是很有效的。但是它必须是为了引导观众的思想，这才有价值。如果演讲者把直观工具单纯作为演讲的辅助工具，他将有失去观众的危险；如果使用得不熟练，甚至每次出错，或者至少两次以上出错，听众会觉得你太笨，从心里产生出厌烦情绪来，从而丧失信心。所以，在演讲前，对工具的使用一定要非常熟练，不能出错误。

听不清声音　听众是来听你演讲的，听不清声音，自然无法再听下去。可利用现代设备，无论如何，一定要让最后一排的听众也听得清楚。

语速　理解口头说出的词语的意义比从书面理解那些话，不但需要更多的注意力，而且还有一个思考的过程，语速就成了一个重要的问题。语速要适合听众去听，不可太快，也不可太慢。如果你按照自己理解的速度进行演讲，并未认真作为一个听众去考察，很可能使观众疏远你，不会对你的演讲有什么好处。

缺少提示　演讲者应该注意对讲稿的不同部分进行区分，并把这些变化方向指示给听众。否则，听众很快就会被弄糊涂，不愿意再听你往下讲。

推迟　谁都不愿意等待，不管干什么事情都是这样。听众来听你演讲，并非来求你，延期开始，只会使观众的注意力消失殆尽。这是一个非常坏的毛病，一定要准时。

超时、冗长　演讲时间不可太长，因为人的注意力不能一味地绷得很紧。演讲者不遵守时间会降低听众对他信任的程度，可能会认为他在即兴地胡编，会严重妨碍听众对信息的接受。埃弗雷特两小时演说和林肯三分钟的演说，很典型地能说明这个问题。

找人代替 找一个能力较强的人代替，也许会扭转听众失望的情绪；找一个不如自己的人代替，也许听众很快就走了。这种情况最好不要发生。如果让你"有幸"去代替别人，最好不去；如果去了，就要坚定信心，格外注意，力争扭转局面，用幽默等手段使气氛轻松活泼。

离题 这或者是因为前期准备不足，东拉西扯地磨时间；或者是轻视听众，不肯精心地演讲，不管是哪一种情况，都必须避免。

模仿 或者模仿别人说话的口吻、姿势，或者重复他人的信息、陈腐的笑话，甚至重复别人作过的演讲，这是无能的表现，听众会感到变化少，倒胃口，结果不会好。

用行话 上面"避用专用名词"中已经谈过，尽量不用，它如花园中的杂草，多产而难除。如果你在行内演讲，可酌情使用，作为辅助手段，也可能有助于问题的讲清。

自我吹嘘 当众表演确实倾向于自我膨胀，如果你不能把握好分寸，很容易成为自我吹嘘。比如：不断地提到自己的名字、自己已出版的书籍、自己获过什么奖等，这很容易使听众反感，使你的讲话给人一种广告的感觉。殊不知，谦虚的态度往往比自负的心理更能赢得观众的心。广播电台有一个节目只有不到30分钟，主持人的名字有时要出现4次，很让人反感。

缺乏表演 听众在以被动角色参加演讲会时，从某种角度来说并不是真心为了学习、了解某种思想，总带有一定的娱乐色彩。否则他完全可以在家里翻阅某人出的书就可以了，他非要到现场去看看演讲的人，这就要求演讲者要给人一个自发的、精力充沛和热情洋溢的印象。演讲者完全可以事先把内容写好稿子，在台上宣读一下，听众可以非常清楚地听明白，这不比没有稿子的演讲更明确吗？听众不喜欢这样，容易产生厌倦情绪。听众喜欢的是"演"讲，而这个"演"，就是带有表演性质。所以，听演讲，从某种角度来说就是欣赏演讲。

踱步　有的演讲者一刻也静不下来，在台上来回走动，这是一个坏习惯。不但使听众心绪不宁，分散了他们的注意力，同时也使他们感到很不舒服。还有一些陋习，将在下文中谈及。

第五章　演讲的姿势

莎士比亚说："动作就是雄辩，没有学识的人们的眼睛里的知识，实在远优于他们的耳朵。"赫伯特·斯宾塞说："语言虽然是表达思想的工具，然而却也能够阻碍思想。动作在意义和情感上的表现是十分有力的，譬如你对人家说'离开这间屋子'，总不如用手指着屋门来的明显；你对人家低声说着'不要说话'，还不及你把手指放在嘴唇上来的有力；你向人家招招手，比对人家说'到这里来'还要有力量。你瞪眼扬眉，表现着惊讶的心情，那是十分显著的；你耸一耸肩的姿势，如果改用说话来讲述，它的力量便失掉了许多了。"贺巴德说："流利的演说，是靠态度获得的，并不是靠字句获得的。"

从上面的言辞看来，演说姿势的重要，大概也就可以知道了。

一个人的姿势，同一个人的个性是很有关系的。所谓个性，本是一种抽象而不可捉摸的东西，它是一个人的脑力、体力和精神的总和，它是一个人的特性、爱好、倾向、脾气、心情状态、精力、修养、经验等的总和的复杂的东西，不容易叫人了解的。个性的大部分是靠遗传得来，一个人未曾降生之前大都已经有了决定。虽然降生以后的环境，也能给它以影响，可是，它是一件极难变动的东西，所以我国古来有句俗谚，叫作"江山易改，本性难移"。但是，这一个不容易变动的个性，我们可以借助思想而使其更有力些、更动人些。无论如何，我们可以努力地从自然给予我们的这件怪东西上设法取得最大的成功。所以，-你不要以为你的个性是不适合于演说的，你要借着你的个性让其发挥出极大的力量，使你有着更动人、更优美的姿势。

你如果想把你的个性发挥到最优的程度，那么，你走到听众面前之前，就应当有着充裕的休息。一位身体十分疲惫的演说家，他是决没有引人入胜的魔力的，所以你不要在演说的时间快要到来时才去匆忙地准备，你应该早早准备好，到时从从容容地走上讲台演说。否则，你是一定要失败的。这话我们在前面已经讲过，所以此地不再多说了。

假使在下午四点钟，你要去出席某种会议，发表重要的谈话，或是要赴某地方去演讲，最好，你在这一个下午不要到办公室去办公，你能够在午饭之后小睡，使你的体力、脑力和精神得到休息。那么，你出席的时候精神饱满，你的谈话，一定可以生出不少的力量。同时，我还要劝你少吃东西，吃得肚子胀胀的，并不舒服。毕镐牧师为了星期日晚上要去布道的缘故，所以他在下午五点钟的时候只吃一些饼干和一杯牛乳，恐怕吃得太多了，肚子胀胀的，因为到了那时，全身的血液都要到胃中去帮助消化食物，使他提不起精神来讲话。歌唱家梅尔巴夫人也说过，如果她晚上要出去歌唱，便不再正式用餐，仅在傍晚的时候略微吃一点东西。在演奏会闭幕后回到家中，那时才感觉到肚子饿而想吃一顿晚饭了。这都是一种很好的经验之谈，我们要练习演说，对于人家的经验总结，那是应该要采纳的。

一　注意你的动作

如果你混在人群之中，只要你不是掀起了巨大的波浪，你的举动是不会受人注意的。即使你掀起了巨大的波浪，你受人注意的举动，还只是大的举动，至于细小的举动，那是根本不会受人注意的。可是，你站在演讲台上，情形那就完全不同了。因为演讲台上只有你一个人，你的一颦一笑，甚至手指动一动，都可以深深地印入人家的脑海中。然而，你这种动作被人印入脑海中，人家会一直注意你的动作，你所讲的话一句也不会再听到，你的演说，得到了大大的失败了。

你可以把手指放到背后去动，因为在前面动，人家将会注意你手指的动作，反而不注意你的说话了。还有一层，假如你的手脚动得太厉害，足以增加听众的疲惫。比方，你的右手向上一举，听众的目光，便又随了你的右手向上一望；你再换左手向上一举，听众的目光，便又随了你的左手向上一望。你的左手、右手两相交换得一上一下，听众的目光便随了你的两手而一上一下地动着，因此听众的头，不得不随着目光而略略地一仰一俯。这样，听众听不了多久，他的头颈就会因酸痛而没有精神了，你的演说无论是说得怎样好，他们的耳朵里是没有法子听进去了。

那么，你的动作究竟应该怎样呢？就是你应该自然，不要有其他的动作。当你站立起来，准备要对听众讲话了，你不要急忙地开始讲出来。因为把你的话慢慢地说出来，情形并不像你欠了人家的钱而慢慢地偿还那么不妥。你要知道，一上台就像决了口的堤一样地滔滔开讲，那不是著名的演说家肯做的，因为这便是一种外行的演说家的记号。你应该先深深地吸上一口气，再举目向着台下的听众看一会儿，假如台下有着杂乱不静的声音，你静静地等候着，自然，极快地便静下来了，待到大家都安静了，于是，你就可以面带一些微微的笑容而开始演讲了。

微微的笑容，这是十分要紧的，因为你有着这种态度，大家便觉得你是和蔼可亲的，你说的话便容易深深地印入大家的脑海。"喜悦产生喜悦"，这句话是确切的。因为，你对听众发生着兴趣，那听众也会对你发生着兴趣；你怒容满面地走上演讲台，听众早就对你生出讨厌的情绪。所以，我们在讲话之前，究竟受人欢迎或是反对，在我们的态度方面早就有了决定。

我们的脸上应该有着微微的笑容，同时，我们的身体要挺直，不要显露出颓然不振的样子来。路瑟·格列克所著的《有效率的生活》中有一句名言："十个人中间，没有一个人在平时也摆出他最好的姿势来的，就是把他的脖子，紧紧地靠着了衣领。"于是，他再建议，平日应该有着一种练习。这练习的方法，就是慢慢地用力吸气，同时，就让你的头颈，紧贴着你的衣领。你这样地做着，因为是练习，所以即使做得过火一些也不要紧的。这种练习的目的，便是使你的两肩平坦，胸部突挺，把你蕴藏在身体内部的精神表达出来。

你的两手怎么办呢？初学演说的人，他所感到最讨厌的便是两只手。他觉得走上了台，两只手实在没有地方安放，放在胸前也不对，垂在两旁也不好，最好是没有了两只手，那走上讲台岂不自然。然而，你决不能把两只手用刀来砍了去，因为天既为我们生了这两只手，我们就应该把两只手有所应用，那才是道理。初学演说的人，如果感到两只手没有地方可放，那么，前面已经讲过，不妨放到你的背后去。但是，最好的姿势，还是让它们垂在两旁的好，因为那是最合于理想的。你不妨把它们忘掉了，像是你并不生着手一样。你不要感觉到你的两只手垂在两旁像是挂着的两串香蕉，而且你要想象人家是决不会来注意你的两只手的。

你把两只手很轻松而自然地垂在两旁，这是很好的姿势，而且也很少会引起人家的注意。即使是最爱吹毛求疵的人，那也不能对你两只手这样的姿势有什么批评。你的两只手这样放着，待到你讲到情之所至时，你的手自然会举起来做着手势了。

有的人常常把手插在衣袋里，这种姿势，非常难看。但是，如果你感觉你的手非要插在衣袋中才能减轻你心中的不安的话，那这样做了也是无妨的。这种姿势，著名的演说家有时也用的。我们反过来说，最要紧的还是你有着诚挚的热情的讲话，你应该用热情来讲出你所要讲的话，你的两只手时时在帮助你把意思表达出来，所以无论你的两只手怎样地动，那都是不要紧的。不过，你要注意不要像打拳似的手舞足蹈。

我还得再来讲一下坐的姿势。我们在走出去演讲之前，往往先要被人介绍一下。当被人介绍的时候，也许介绍人请你坐在一旁。但是你怎样地坐着，才是适当的姿势呢？有些演讲者，他们左顾右盼，那种动作，像是一只猎狗寻找东西的样子，那是很难看的。等到找到了座位，猛然坐下，像是把一袋沙土抛掷到椅子上的样子，这种姿势，显出了粗俗和不雅，那是很不好的。你必须很文雅地用腿去触摸椅子，然后身体挺直了很自然地坐下。坐下后，两条腿自然地踩在地上，不要跷二郎腿，面部微笑。那就可以显出了你的举止文雅，精神饱满，人家对你先有了一个好印象了。

二　注意你的服装

一个人的服装，给予听众的影响是很大的。你穿了整洁的衣服，不但你自己感觉到生出一种力量来，听众也对你有了好印象；你的服装不整洁，你走出去就会畏首畏尾得不自然，人家对你的印象也就不会好了。我们不必就演说来讲，就是我们出席什么宴会，必定要换上一套整洁的衣服，尤其是女子，往往为了没有漂亮衣服而宁可不去赴会的。这为什么呢？也无非为了给人家好印象，自己也生出自尊的力量的缘故。一家戏院，他们的布景，已经破旧不堪，演员也就无法提起精神，观众也不会有什么好印象。所以，一个演说家，对于他自己的服装，不能不注意整洁。

你读了上面的一段故事，你要使你的演说获得相当的成功，你也知道了，你决不肯穿着随便的衣服去演说了。但是，即使你穿上一套整洁的新衣服了，你还得要注意到，你是不是穿戴得整齐了呢？竟有些人穿了新衣服，纽扣并不扣好，在平常早就养成了习惯，所以匆匆去演说也就不会注意到此了。我们试着注意一下，穿中装的人，把头颈中的纽扣并不扣好的不是多得很吗？然而，不扣好头颈中的纽扣，使你的衣领畸斜不整，这成了什么样子呢？你不是给予了人家不佳的印象吗？你如果穿着西装，为了你两只手的举动以及呼吸的方便，有时把前面的纽扣并不扣好，这也不算什么问题，可是，你的领结歪斜不正，那也是不对的，会让人感到你这个人很不严肃。

有一种人，他穿着像布袋一样的裤子，或是不适体的上衣以及不像样的鞋子，或者，衣服的颜色过分得不协调，这都是要使听众得到不好的印象的。还有，把钢笔或是铅笔插露在口袋的外面，新闻纸或是记事簿，甚至是烟斗烟盒，把口袋塞得满满地膨胀起来，使你身体的某一部分有了一块凸出之处。在你也许并不感觉到怎样，可是，在听众方面，对你是会减少了尊敬和信仰的。我国的学者辜鸿铭和章太炎，有谁对他们的学问不崇拜？可是，他们对于自己的服装方面，并不注意整洁，所以他们向人家演讲，效力往往要减少了许多。因为，听众决不会假定他的脑子和他不整洁的服装是不一样的。

你的服装是整洁了，你的头发，也得加以注意，不要使它像乱草似的。因为，这和你的服装是有着相互关系的。在东三省的农事试验场中，他们养了好几百箱的蜜蜂，每一个蜂箱里，都备有一个放大镜，而且箱里面还装着电灯，所以不论在什么时候，只要把电门按一下，蜂箱里的一切，就可以仔细地察看了。一位演讲者，你也应该是这样的。你就像自己被置于一面大镜子的下面，电灯光照射在你的全身，所有的眼睛完全在注视着你。你只要有了一点儿的瑕疵，立刻会像在平地上耸起了一座高山一般的，容易给人家注意到。所以，我们切不要以为"大德不逾闲，小德出入可也"，而因此只注意于演讲的内容，忽略了自己服装的各部分。

三 注意场中的空气和光线

在演讲厅里应该有着充分的新鲜空气，这一点是十分重要的。一个人处在空气并不流畅的小室中，如果时间稍久，便要感到头脑有些昏闷，两眼下垂而将入睡。你要看书，文字一个一个地在你眼前跳过，决不会在你脑中留下印象；你要听人说话，也不会把人家所说的深印在脑中。换句话说，你无论做什么事，只会有错误而不会有成绩的！你不要以为你有若悬河一般的口才，可以使你的话像瀑布一般地倾泻着。须知罗马著名的演说家薛赛洛的雄辩以及齐格菲歌舞团的少女的美丽，如果在恶劣的空气中，也决不能使听众们的精神清醒了的。所以，我们登台演说的时候，应该先注意一下讲堂的窗户，你看到如果关闭着的话，你必须叫听众们把它打开，然后再滔滔地讲你的演说。你不要以为冬天的天气寒冷，窗子似乎应该关着的，你必须知道许多人聚在一室之中，有限的新鲜空气立刻就会混浊不堪，而且许多人聚在一处，根本也不会感觉到怎样的寒冷。

在人群丛集的地方，空气一定十分混浊。都市上空的空气，远不及乡村中的空气清新，所以久住都市的人，一朝走到乡村中去游玩一回，鼻孔里会觉得异样的畅快，全身的每一个细胞，像都得到解除了束缚似的轻快。可是，我们如果在戏院中走出来，我们又觉得空气清新、身体轻快而像走进了乡野。那么，可见戏园子丛集多人，其空气的混浊，实更甚于都市马路的上空了。演说是要向人宣讲意见，使人对我的意见能够切实地了解。那么，叫听众浸在混浊的空气里，听众的脑海里早已像垃圾箱一般了，你的新鲜的见解，塞进他们混浊的脑海，他们也不会把你的见解认得清楚，你是必败无疑的。要解决这一点，不管春夏秋冬，你把演讲厅四周的窗户必须都打开，那么里面的空气，比较清新一些，听众的脑海也可以清新一些，你所讲的一切，听众也更容易清楚了解而接受了。

除了空气要注意，光线也是要注意的。假如你的演讲厅光线并不充足，那么，即使在白昼，也应该开着电灯，因为，昏暗是容易引人入睡的。你住在乡间，晚上很早就睡了，可是，你在都市里，往往在晚上比白天更叫你兴奋。理由是很简单的，因为都市的晚上，火树银花，光亮耀目，你即使想早早地入睡，睡神也不肯走近你。你可以试验一下，不管你是在都市或是乡间，在夜里开了灯不容易睡着，可是熄了灯，就比较容易睡着了。所以，你在光线不充足的演讲厅里演讲，听众是很容易入睡的。你要解决光线不足的问题，就必须开着电灯。

我相信，读者读到这里一定要向我责问，既然昏暗漆黑的环境容易引人入睡，那么，夏天的中午，光线正强烈得可以，为什么人家也容易睡午觉呢？不错，这的确是一个很好的例子，但是，我且慢一些答复，让我把光线对于演说的关系讲好了，然后再来作答。

演讲厅里的光线，与其让其照在听众的头上，倒还不如让其照在你的脸上，因为人们是想要看你的。在你，并不是在表演神奇的幻术给人家看，所以，你也用不着避去了光线。而且，你要知道，你脸上因为讲话而随时表现出来的微妙表情，更是表达你自己的步骤中极重要的一部分。有的时候，你的表情，比你说出来的话会更有意义的。前面已经讲过，你肩头耸一耸的表情，如果叫你用言语表达出来，那真不知要花你多少的精神和口舌呢！每一个听众，眼睛都是望在你的脸上的，所以，听众的头上可以完全没有光线，你的脸上是不能没有光线的。话剧表演，常把观众头上的灯光完全熄灭了，只是舞台上有着灯光，而这灯光有时候还用着颜色，用以帮助演员的表演。你不能像演戏一般，但你的演讲，终不能不站在光线的下面。不过，在这里要注意，你站在光线的正下面，你的脸上必定不能得到充足的光线，往往被一种暗影把你的面目弄得模糊，使听众望到你的脸上，像是雾里看花一般的不清楚，听众也是要扫兴而提不起精神来的。你如果站在光线的正前面，把整个光线遮住，只有你的背后才有充足的光线，这就更不好了，这叫逆光。最好的就是光线在你的前面，你站在光线的对面，使光线能够充分地照在你的脸上。所以，当你站立起来演讲的时候，你需要拣定一个光线最好的地方，准备站在那里，那是最好的。

演讲的场所虽然需要光线，可是光线过强了也是不对的。因为刺目太甚，易使人的眼帘下垂，所以夏天的中午，人们往往要午睡。你要解决这一点，最好是把听众头上的光线减少而让你面上的光线变得充足。不过，你也不要使照在你脸上的光线过分地强烈了，使你的眼睛张开来很是费力。那么，你将感到疲惫不堪，你的失败便早早决定好了。

空气、光线，这是在演讲时应注意的，但是，室内的温度、听众的座位，也都得加以注意才对。温度太高，人们是很容易入睡的；太低了，人们便引不起热烈的情感来，所以，在炎热的夏天，不宜在小小的演讲厅中演讲；寒冷的冬天，不宜作露天的演讲。至于听众的座位，如果排得太挤，使听众有着局促不安之感，就会使听众前来听讲的热情打了一个折扣的。座位太高、太低或是太小，使人坐上去不舒适，这也是可以增加听众的疲惫而使你的演说失败的原因之一。

四　让听众坐在一起

美国大演说家戴尔·卡耐基，他在世界各国走过不少的地方，而且曾在各国的主要城市里开设过演说训练班，他造就的学生，全世界计算起来，恐怕有不止几十万人了。这样一位演说的导师来演说，几乎处处是迎刃而解，只有成功而没有失败的了。可是，据他自己说，每天的下午，在一所大礼堂中对着零星分散的听众讲话，和晚间仍在那个大礼堂中对着挤满了的听众讲话所获得的成绩并不完全一样。凡是在下午的听众，对他的所讲仅有一些微笑的地方，晚间的听众对他的所讲就要大笑不止。晚上的听众，听到所讲而鼓掌不已的地方，下午的听众便不会有丝毫的反应，这究竟是什么缘故呢？这理由可以解释为：下午的听众，不过是一些老妇和小孩，他们不会像晚间的听众那样的灵敏活泼，而富于感情。所以虽然在同一个地方，讲着同样的材料，但会收到不同的效果。这种解释，虽然可以说是一种理由，然而，不过是"一种"而已，更大的理由，还是听众的零星散坐和挤在一处的不同的缘故。因为零星散坐的听众，他们的中间留着空隙和空椅，他们便不会被邻座的人引起热烈的感情来，所以他们的感情表示，便和群聚着的听众的感情表示有所不同了。

著名的传道师毕镐牧师，他在耶鲁大学演讲怎样传道，中间有一段话，就是讲述这个问题的，现在把它抄录在下面：

人们常说："你不认为对很多听众演说比对少数听众演说要兴奋得多吗？"我的回答是"不"，我对十二个人也能讲得很高兴的，如果那十二个人他们都紧紧地围绕我坐在一起。但是，如果有一千个听众，每两人的中间要离着四尺的距离，使他们成了散开的样子，那就像使各人处在一间空屋子中一样，彼此便不易发出交流的电波一般的情感来了。所以，你如果使听众紧聚在一处，你仅仅使用了一半的气力，便可以获得一倍的功效了。

群众运动是盲目的？这句话是很有意思的。你叫一个人处在多数的听众之间，这一个人的个性是很容易失掉的。你在一个工厂当中，要想使工人们都实行罢工，你去对每一个工人作分别的宣传，虽然费去了不少的时间，弄得你舌疲唇焦，然而，你所获得的效果，还不及把几千工人集在一处而你作一次的演说来得大。你现场演讲，讲得大家都鼓掌而狂笑起来，内中有一位听众是毫不注意的，他根本不会注意到你所讲的是什么，而且他也不知道听众们为什么而鼓掌狂笑了。你如果问他笑些什么？他自己也莫名其妙。这是什么道理呢？就是他的情感，完全是像电一般的受到了感应。

因为团体的行动要比单独的行动容易收效，所以我们要使大家合力来做成一件工作，你应该向团体作宣传而不宜向个人作宣传。一所屋子里藏着一个手无寸铁的盗匪，那么，一个探捕前去，就可以使盗匪像瓮中之鳖一样地被捉。可是，只有一个探捕，无论如何他心中也是有点不安的。如果来了一群探捕，即使盗匪手里拿着武器，而探捕每一个人都是勇往直前的，也就毫不畏惧了。

我们明白了这一点，在演讲的时候，对于听众们是否散坐，就得加以注意了。假使听众不多，他们是零星散坐着的话，你应该在开口演讲之前，坚持请他们挨紧坐在一起，这一点是十分重要的。再有，如果听众不多的话，你不要使大家散坐在空旷而较大的礼堂中，应该选择一间小屋子，那你讲起话来容易收效得多。

除非是听众实在很多，或者有着特种的原因而你必须站在台上讲话，最好你不要站到台上去，你应该走下台来，打破了郑重的形式，和听众站在同一个平面上，挨近他们，和他们互相接近，使你的演说，成为随便谈话的形式。这样，你和他们就容易产生出感情来，你的演说也就不易失败了。

五　桌上无他物　台上无他人

你站在台下演说当然是最好了，可是，你万不得已而必须站到台上去演说的时候，这台上应该怎样，我在这里也得来讲述一下。

演说台的上面，大都放着一张桌子。实在，这一张桌子最好是没有，可是，就算有也不碍事。因为这一张桌子，可以给你置放一些东西。如果没有这张桌子，万一你的演讲，必须要用到图表的时候，那你的图表放到什么地方呢？这就成为一个问题了。所以，有着一张桌子，那是备而不用的。

因为讲台上有着一张讲桌，于是你站立的地方便有了问题。你不要隐藏在桌子的后面，因为每一个听众，都想把你从头到脚整个看到。你如果隐在桌子的后面，听众将伸长了头颈或是偏着身体来望你，这使得听众感到怎样地吃力？你讲不多时，他们已经十分的疲惫，他们再也不会把你的所讲入耳了，你的演说，自然是失败了。

有些人对你特别地讨好，往往要在桌子上给你放一瓶花，或是准备一瓶水和一个杯子，预备你讲得口渴时可以自己倒水喝，其实这是想讨好而不讨好了。

一个花瓶，中间插着许多花朵，这是可以分散听众的精神的，他们一面在注意你的所讲，一面也注意到那瓶花，那你的演说，听众自然只能领受一部分了。至于水瓶和水杯，放在桌子上正和花瓶一样，实际上你在滔滔不绝地演讲，你也根本不会想到要喝一口水；即使你口渴得不得了，你望着那个水瓶好似琼浆玉液而伸手去倒来喝了，然而，这一个举动，便把听众对你所讲而表现出的紧张的情绪完全放松了，你要想使他们再恢复起来，这是很不容易的。

演说并不是开展览会或是装饰商店的橱窗。开展览会，陈列的东西是愈多愈好；商店橱窗的装饰，能够愈美愈佳，所以它们尽不妨琳琅满目地加以陈饰。然而，演说便不同了。虽然演说也是把你的思想陈列出来，可是这陈列用的却是你的语言，是要人家用耳朵来接受的，不像展览会和商店橱窗的陈设，是叫人家用眼睛来接受的。用眼睛来接受，愈是琳琅满目便愈佳；用耳朵来接受，你便不能再使眼睛去分取了耳朵的权利。所以，你不应该使那种丑陋的累赘的东西杂乱地在桌子上站立着。

现在的戏剧，他们主张布景简单化，现在的建筑大家也都主张装饰简单化，所以舞台上不是万不得已，布景只是一些帷幔；建筑的装饰，以前像铁窗铁门，都要弯来曲去像藤蔓一样，而现在则成为简单的直线了；以前桌椅的脚上，还要刻着花纹，现在也只是直线条子了。艺术家说，近代的艺术是趋于简单化了。我们的演说台上，为什么要开倒车而陈列着累赘的东西呢？所以，我以为演说者的身后或是两旁，都不要陈设引人注意的东西，只要一幅暗色的帷幔就可以了。可是，普通的演讲台上怎么布置呢？墙上挂着的地图、照片、字画以及其他足以引人注意的东西，这些积尘埃的累赘物，不仅分去了听众的注意力，而且还使不整洁的杂乱的空气布满了全室，那真是要不得！

毕镐牧师说："在演说的时候，最主要的便是那位演说的人。"我们为什么除了最主要的演说的人以外，还要有不主要的东西呢！

所以，我们应该让那位演说者，像是雪地中兀立着的一座高山一样雄伟。

在演讲台上，除了演讲者以外，应该什么都不要。讲台上坐着别人，这在一般的讲演会中是极普通的事，然而，这实在是不对的。比方，有一个学校开着一个讲演会，听众是全体学生，教员则坐在演讲台的两边。有的教员坐在听众席上，演讲台两面的位置请来宾坐了。我们不管是教员或是来宾，坐在讲台的两面总是不对的。因为，演讲的人站立着滔滔不绝地讲话，那坐在两旁的人，决不能像木偶一般地动也不动。他们最普通的是把左腿搁在右腿上，停了一会儿再换过来，让右腿去搁在左腿上。他们把两腿轮流交换地动着。只是每一次的举动，便可以引起听众目光的注意，使得听众的注意力分散，这是很不对的。善于演说的人，他如果被人邀去坐在演讲台的两面而面对听众，他是要严词拒绝的。

演讲台上不应该有别人，正像演戏的时候，舞台上不应该有别人是一个样子的。我国人对于这一点是很不注意的，所以舞台上除了演员之外，还有打锣鼓的人，还有送水的人，还有帮助换布景的人可以自由地走来走去，还有不知是什么的人，可以在幕后伸出了头来张望。总之，除了演员之外，别人也可以在舞台上出现的。好在我国人的看戏，并不是真的欣赏艺术，不过是一种无聊时候的消遣，所以这一点是不去加以注意的。可是，近来我国的戏剧运动也进步了，除了墨守旧法永不革新的老戏，他们还是照旧而外，新的戏剧，都是主张舞台上只许有表演的演员，别的人是一概要被禁止的。演说和演戏，情形也差不多，所以我们在演说的时候，除了演说者以外，别人都不许参加进去。

演说开始了，演讲堂里也不宜有人走来走去，因为这也是足以使听众分散精神的。某一个演讲会中，演说者讲得十分有兴，听众也听得十分满意。因为听众实在是太多了，所以管理的人，为了要使室内的空气流通，特地拿了竹竿去拨开闭着的窗户。这一个举动，产生了很大的影响，就是使每个听众忘掉了演讲者而去注意那拨开窗户的人了。

我在读书的时代，有一天天气很晴朗，早晨的第一课是数学，我们上课到了中途，突然从窗外飞进一只麻雀。那只麻雀无意地飞进教室，突然发现了里头坐着不少的人，因此急急地从另一个窗口飞出去。可是，另一个窗户的窗子是关着的。上面明亮的玻璃，使得那只麻雀一时也辨不清楚，因此猛力一撞，撞在玻璃上面昏跌下来。这一下的跌落，更使它神志昏迷，立刻再飞起来向外冲去，于是再在玻璃上一撞，撞得昏跌在地上而不动了。这一只麻雀似乎在演戏，我们每一个听讲的学生，大家都注意着那只麻雀，教师的讲解，无法再去注意了。内中有一位同学，把那昏跌在地上的麻雀捉了起来，这一来闹得更厉害。那位教师很有教授方法，他立刻停止课文的讲解，换讲了一段关于麻雀的故事，使大家定一定心，然后再行讲课。

从这里看来，我们就可以知道演讲开始之后，场中不宜有人走动，所以在可能的范围之内，我们应该让听众尽量地向前面坐。那么，即使有人迟到，从后面走进来就坐在后面，可以不致走到前面去找位置而分散大家的注意力了。

六　适合自己的姿势就是最好的

　　因为演说的成功，一半在于姿势，所以有人主张，要想学习成为一个演说家，必须先请演说家教授适当的姿势。话当然不能算错，然而也并不很对。我们在前面已经讲过，每一个人有着他的不同的个性，"江山易改，本性难移"，你硬要他牺牲个性而来迁就你，这是万万做不到的。有一种演说家，他梦想着教人成为一个机械人，所以说两只手应该怎样地放置，怎样地动作，叫一班的学生，像是在做体操似的一同练习着，你看，这不是十分可笑的吗？教育家要使一班的学生成为像一个模子中铸出来的那样，大家都知其不对，都加以非笑，那么教人学习演说的姿势，也要成为一个定型，这不也是非常可笑的吗？

　　演说的姿势，应该依了自己的个性，去创造一种优美的动作，这是对的。我们最多可注意那些不妥当的地方，我们不应该去学习人家。因为各人有各人的个性，你去学习人家，结果是"画虎不成反类犬"，倒还不如仍是自然的动作较好。

　　你不要去看十九世纪的演说术的著作，因为那种书上，大都有一种泯没你个性的姿势的教授。你是二十世纪的人物，你不该去学十九世纪的人的荒谬的指导，使你在演说的时候，身体受到拘束而不能自由。你要知道，你借人家的眼镜来戴，无论如何，不会如自己的眼镜合适。所以一个人的姿势，完全像眼镜一样，属于自己的，借给人家既不合适，向人家去借更是不必的。

美国历史上最著名的辩论，就是 1858 年林肯和上议院议员陶格拉斯在伊利诺伊州的辩论。他们两个人是完全不同的。

林肯的体格魁梧拙笨，陶格拉斯的体格短小精悍，这二人的智力、个性、气质和人格的迥异之处，也正和他们两人外表的差异一样。陶格拉斯是接受过高等教育的人物，林肯是靠自己刻苦修炼的人物；陶格拉斯的举止得体，林肯则极笨拙；陶格拉斯是仅有庄重而毫无幽默，林肯是最会讲故事的人中的一个；陶格拉斯讲话所用比喻很少，而林肯则擅于运用实例比喻去辩论；陶格拉斯是自恃高傲，林肯则极谦虚和气；陶格拉斯的思考能力非常之敏锐，林肯的思索力极其缓慢；陶格拉斯的演讲像暴雨突袭，林肯的演讲则比较深沉而细腻。他们二人是这般地迥然相异，但是，他们两个人都是非常会讲话的。因为他们每人都充分地运用着他们各自的长处和个性，都取得了令人瞩目的成功，所以他们都成了极有影响力的特殊人物。假如他们二者中不管哪一个想去模仿另一个人，那么，失败是必然的。我们若希望获得成功，就无需去仿效他人！我们为什么要去受人教导姿势而来掩饰自己的个性呢！

柯真——英国剑桥大学的教授说过："有成就的演说家，他们的姿势都是自造的。大演说家自然能够得到外表和适当的动作的一臂之力，然而，倘若外表和动作是极其拙笨而难看的，那也没有什么太大的关系。"

一定要记住，我们的举止，不要使听众刻意地关注而分散了听讲的注意力；我们的举止，也不要使自己受到约束而丧失自由；我们的举止，更不能小里小气、忸怩作态。我们依着我们自己的个性去创造符合我们自己的大方、洒脱的姿势，这是最合适的。

七 体态语

上面谈到的动作、服装，都是体态语的内容。演讲的体态语具有相当重要的作用，在人类交往中，体态语言的表达要占 50% 以上，在演讲中所占的比例没有这么多，但在整个演讲中还是都要用到的。演讲中体态语的运用有两条原则。第一，不能与声音喧宾夺主，把演讲变成表演；第二，体态语的表达要服从真实的性质，不能过分追求夸张的形式和虚构动作，眼神、手势、面部表情及其他身体动作应给人以现实自然之感。既防止"过"，也不要"不足"。"过"则手舞足蹈，矫揉造作，破坏演讲的真实感和严肃性，使演讲成了表演；"不足"则容易形象拘谨、神情麻木，缺少艺术感染力。再谈几点体态语的表现：

眼睛 达·芬奇说："眼睛是心灵的窗户。"爱默生讲："当眼神说一件事而舌头说另一件事时，有经验的人往往会相信第一种语言。"演讲者站在台上，光线主要打在演讲者身上，如果你看不清听众，也不意味着听众看不清你。如果你不能用眼神与听众发生联系，听众会很快对你和你的演讲失去兴趣。在演讲中，演讲者的情感、风度、气质等在一定程度上，都是通过眼神表达的。读讲稿的演讲，是难于产生任何好的效果的，因为你的眼神一直盯着稿子。演讲者必须与听众建立直接的眼神交往，这样做才能掌握局势。不要把视线只停留在前排中间的观众身上，左右和后排的人也要看到。但切忌眼神游离不定、黯淡衰颓，或过分地左顾右盼，或老是向上看，或老是闭眼、眨眼等。

面部表情　古希腊最著名的演说家德摩斯梯尼在回答别人提问演说家最重要的才能是什么时，曾说最要紧的是表情，其次是表情，再其次还是表情。美国人评论罗斯福的演讲时说："他满脸都是表情。"演讲者在演讲时，他的高兴、痛苦、激昂、悲伤、愤怒、失望、疑惑、烦恼等丰富复杂的内心世界，无不通过面部表情来体现。微笑是比较好的，可以传达热情、活力和真诚，但是不能只是一味地微笑。如果一个人脸部不能灵敏、及时而充分地表达喜怒哀乐，他的脸面只是一层冷漠，听众面对冷漠也只能回敬冷漠，效果当然不好。面部的表情是极其丰富的，要充分地使用，如果和眼神配合起来，如鱼得水，一定会生动、丰富，极具感染力。同时也要注意自然，变化太多、太快和太过，会使听众感到虚假，要有自控能力。

手势　手势是演讲者运用手臂、手掌和手指的动作表达思想感情。林肯在演讲中那有力的手势，给我留下了深刻的印象，至今不忘。威尔逊在演讲中，也常运用手臂的挥动和手指的动作。尤其当需要指示时，手和手指是很有用的，一个手势可能说很多话都难以表达。有些人用手势强调自己的观点，如在强调某个特殊的词时挥动手掌，或者是运用数数的方法，通过举起的手指简略重述，以重新强调各个要点。第一次世界大战时，有一幅基奇纳元帅伸着食指、直指前方的广告画，标语是"你的国家需要你"。这是一个极具挑战性的手势。手势的运用，一忌繁杂，因为这不是聋哑人的手势，难免令人头昏目眩。二忌低劣，登不得大雅之堂的手势不能用。三忌与演讲不协调，如眼睛看着左边，可手却指向右边；言辞慷慨激昂而两手无力低垂或挥动软弱等。女性演讲中，手势幅度不宜太大，不宜太刚劲有力，要充分发挥自己细腻柔和的特点。

身姿　演讲不是发言，当然以站立的姿势为好，要站得稳，立得住，有利于运用发音系统和各种体态语言。当你走上讲台，你的背必须挺直，抬头挺胸，两臂放松，脸上表现出热切期待的表情。一定要避免身体贴在讲桌上、前倾后仰、弯腰曲背、凸肚、两眉不平、缩头垂脑等不雅的姿势。

八　演讲失败的先兆

如果在演讲中有什么问题或不妥，听众会失去耐心，那么，你怎么才能知道他们什么时候失去耐心呢？有一些预警信号，能使一个没有经验的演讲者知道他什么时候开始吸引不住听众的注意力了。如果他们集体地感觉没有听到想听的东西，或感到有什么不舒服，他们就会不安静，而你可以通过下面四种方法发现他们的不安：

撤回目光　如果听众感觉不舒服，他们就会避免与讲演者眼光的接触。人们开始向窗外看，低头看自己的脚，或互相观察，或向后看，听众最形象地排斥演讲者的最终表达方式是在演讲中睡觉。

发出声音　这种烦躁最主要的表现方式就是用力清嗓子、咳嗽和打哈欠。这是人正常的生理现象，如果出现在诊室，可能表现出人有某种病症；出现在演讲厅内，则有另外的含义，打哈欠不能表明是不耐烦，却可能说明房间里空气太闷，造成身体缺氧，咳嗽和清嗓子则是不安的信号。

不安静　不知什么原因，听众开始跺脚、挪椅子或扔报纸，这些都是听众烦躁的表现。可以肯定地说，只要演讲厅内不安静，听众一定不舒服，可能是演讲离题、声音太小、姿势欠佳，或其他什么问题。

诘问或离开　如果某个人以当众诘问演讲者或突然离开的方式来破坏演讲，或有的人不间断地向后看，这便是气氛紧张或不快最明确不过的表达方式，这种情况在你精心准备好演讲稿并很好地表达时是不会发生的。

第六章　演讲的开头和结尾

"如果，你和一些讲述自己演说经验的演说家常在一起时，你常常可以听到他们在说一篇演说的最好的构造，便是优美的开头和佳妙的结尾。至于中间，那就随你的想法添上些什么材料好了。"这几句话是费克多玛都克说的。我们的演说，如果在开头的时候，不能够给人家留下一个深刻的好印象，随你怎样地说，人家都淡然地不会刻意地注意了。如果，演说的开头很好，可是，结尾很是平淡，这等于人家要回去的时候你不曾叫他们带一些兴奋回去。你虽然有着很好的开头而抓住了他们的心，可是，临走的时候你不会叮咛而给他们一些兴奋。他们对你先前所说的，也就淡然忘怀，你的演说依然是失败的。美国西北大学的校长雷思哈洛博士，他是一位有名的演说家，他经常一字不差地按事先准备好的开头语和结尾演说，这不独是他如此，就是别位演说家，像约翰·柏莱特、韦莱斯顿、韦勃斯脱、林肯，他们都是这样做的。说一句武断的话，凡是具有常识和经验的演说家，可以说每个人都是这样做的。

在古代，因为没有新闻纸等宣传品，所以每一个演说家，多带有报告各项新闻的任务。因此在演说开始的时候，不妨随意地讲述一些与题无关的事。可是，现在的世界变了，近百年来科学的发明，使人们的生活加快了速度，演说家的演说，应该随着时代而进步。所以，如果你准备用一些导言的话，这导言以愈短为愈好。因为你有闲工夫讲话，人家并没有工夫来听你的闲话，你应该三言两语，立刻进入正题，或者一针见血，竟不用说一句的废话。到底是什么意思，将来又怎么样，据我个人看起来，那是很可以乐观的。没有经验的演说家，决不会有这样的简捷而巧妙的开头的，而且很容易犯了像下面所讲的毛病。所以，我们先来讲述一下毛病，然后再讲到适当而优美的开头。

一　开头要谨慎

一个老练的演说家，他常常在演说之中插入一两句诙谐的话以引起听众的趣味来。于是，初次演说的人，他平常尽管庄严得像道学先生一般，而站到讲台上去演说，也要学着老练演说家的样子，来一下幽默的谈话了。他开始就讲一段诙谐话，尤其在饭后的演讲，以为人家的精神已经有些疲惫了，必须用幽默故事来钓出人家的趣味，使听众的精神焕发起来。其实，他这种想法都是错的，所以，结果他自以为得意而做的，反而弄得一场惨败。这是我们前面已经讲过了的。

第二编　怎样演讲

201

如果在戏院中的舞台上，演员并不依照剧情表演，竟然向着观众讲述幽默故事，试问观众对他怎样？不用说，观众一定以其无聊而为之喝倒彩的。那么，一位演说家，走上讲台而先来一段幽默故事，听众对他怎样？虽然不致喝倒彩，也许表面上会发出勉强的笑声来。可是内心却不以为然，不过为了他的面子，并不予以难堪。他们觉得你是太无聊了，你好像是一个只会打趣的无足称道的小丑。读者诸君，试问听众对你存着这么一种心思，你还不认为自己是失败了吗？

又有一种初次登台的演说家，他知道对人家高傲，人家一定要看不起他，所以他对人家特别的谦虚。他以为谦虚是有利而无弊的，如果讲得好，人家觉得他既是讲得不错了，还要客气得很，他真是一位彬彬有礼的学者；如果讲得不好，因为他早已向大家打过招呼，人家一定能够原谅他的。其实，他这样的想法是想错了，人家事情忙得很，哪里有闲暇来听你说虚话。

你向听众说："诸君，对不起得很！我的学识浅陋，所以实在没有什么可说的话，而且我近来有些俗务事很忙，所以也没有怎么好好地准备，今天在这里，实在没有什么话可说，再加之我又是不会说话的人，勉强地讲着，我自知有了不少的错误，如有不对的地方，还要请诸位原谅我，给予我指正。"你以为有了这样的一个开头，说下去就不要紧了吗？不，你如果真的说了这样一个开头，我劝你立刻走下台来不要演说，听众倒真能原谅你的；要是你还要说下去，那你就会惨败不堪。因为听众不再注意你的所说了。现在，假定有一位演说家说着上面的一段，假定有一位听众听了上面的一段话而心中生出来的反应，我们写在下面。凡是括号中的话，都是一位听众的反应话。

　　诸君，对不起得很（不要客气了，你不曾有什么得罪我们的地方，何必说出这种话来呢），我的学识浅陋，所以实在没有什么可说的话（你觉得学识浅陋，你不妨去多读些书，在这里讲些什么废话呢！你既没有什么可说的话，那你闭了嘴立刻走出去！还唠叨些什么呢），而且我近来有些俗务事很忙（人家也很忙呢！你还是闭嘴走吧，我们可以去忙我们的事，你也可以去忙你的事，我们两便，岂不更好），所以也没有怎么好好地准备（不要再啰唆了，你还是去好好地准备以后再来说吧），今天在这里，实在没有什么话可说（你还是走吧，既是没有什么话可说，那你再要说些什么话呢），再加之我又是不会说话的人（不会说话，不必说话好了，有谁来强迫你说呢），勉强地讲着，我自知有了不少的错误（请你不必勉强，没有人来勉强你的。你既自知有不少的错误，为什么不先自行改正了再说呢？讲些错误的东西给人家听，这算什么！你不"自知"，我们还可以原谅你；你既"自知"，那当然对你不能原谅了。我要问你，你自知错误而不改正，而且还要说出来，你是不是患着神经病的），如有不对的地方，还要请诸位原谅我，给予我指正（照你这种样子，实在对你无可原谅；如要给你指正，就是请你不说为妙）。

　　读者诸君，我相信，你读了这样的一段，以后你演说的时候，决不肯再说一段谦虚的开头了吧！但是，幽默故事和开头就讲谦虚话并非是绝对的不可以，你偶然地来一下，只要用得适当，那也并非不可。不过，总是以少用为妙。你要知道各人有各人的个性的，你如果是一位天生的幽默家，每句话自然都有趣的。讲起来并不在故事本身的兴趣，还是在你怎样的讲法。同样一个故事，叫两个人来讲述，一个人讲起来趣味横生，一个人讲起来就要味同嚼蜡，为什么这样呢？完全在于个性的不同。

我以为，如果你是一位天生的幽默家，你应该把你这一特点好好地培养着。否则，你不要去强学人家，须知画虎不成反类犬，你的失败是早早可以决定了的。

当然，你的演说，一开头就不能像巨象一样的笨重，你要使人家有兴趣，方法是很多的，下一节所讲，便是可以给你作为参考的。

二 调动听众的好奇心

你在开头的时候，把听众的好奇心引起来，比讲一段幽默故事还要好。

现在，我不妨举几个例子在下面：

美国的大演说家戴尔·卡耐基，他在讲述劳伦斯上校的历险故事，是怎样开头的呢？

路易乔治曾说，劳伦斯上校是现代最浪漫而又最潇洒的人物之一……

这种开头，有着两种好处：第一，是引用了一位名人所说的话，那是永远有着极其重要的价值的；第二，引起人们的好奇心，他为什么要浪漫？他又怎样的潇洒？这个人究竟是一位怎样的人物？为了要满足好奇心，所以也就对其所讲的凝神注意了。

有名的演说"遍地黄金"是怎样开头的呢？它是用着故事的形式开始的，开头是：

1870年，我们顺着土耳其底格里斯河……往下走，我们在巴格达城雇了一位向导，领着我们去看西坡里斯、巴比伦……

故事是人人爱听的，不过这里所说的"故事"是一种确切的事实，并不是凭空虚造的幽默故事。

在世界上最易引起人们注意的，也许要算拿实物来给人家看了。有一位阿尔卑斯山上的猎人，他为了要引诱臆羚的好奇，所以在他的身边展开了一张床，他就趴在床上。不论人和兽，这种实物的刺激，都是很会注意的。有一次，我游中国福建泉州开元寺的庭中，那里有着十几株参天的大树，一到傍晚，无数的鸟雀就集在上面聒噪了。我在树下走着，鸟雀看惯了树下的行人，所以并不飞走或是停止了聒噪。我无意中拍了几下手，当然，在树下拍手这件事，也许鸟雀们是第一次经验到，所以突然停止了聒噪，而且并不飞走，静静地止息在树上看着未来的变化。大约过了两三分钟的时间，它们听到那拍手的声音并没引起什么事情发生，于是又聒噪起来了。我再拍手，它们再停止了聒噪，可是所停的时间比前次要短一些了。我这样地每天傍晚到树下去拍手，四天以后，它们是不再停止聒噪了。我们走到市场里或是茶楼上去为宣传作演说，往往人声嘈杂，不能使你开讲，你也不妨先拍几下掌，由这掌声来引起人家的注意，注意到你是站立着要讲话了，这便是你拿你自己当作了一个物来给人家看了。

美国费城有一位艾利斯先生，有一次他开始演说的时候，用两个手指拿了一枚钱币，高高地举起来，然后提出问题问大家："诸位，你们有没有一个人在路上拾得了这样的钱币？"于是，再借了这一个问题继续着往下讲述他的意见。本来，他用手指拿一枚钱币而高高地举起来，这一个举动已经足够使人注意了，他再提出问题而向大家问着，大家对他的问题当然要思索一下的，那么，大家对他的所述，当然是不会不注意的了。这也是一种有趣的演说的开始。

还有，你开始演说的时候，引一段名人的话作为你的开始，这也是一个很好的方法。因为，名人是大家都知道的，你提起了他的名字，已经可以使听众的耳朵受到一种刺激，像是熟识的朋友在向他打招呼了。

我们走在路上，听到了一个很熟悉的声音，试问，你要不要回过头来看一下？那么，你在演说的时候，提出一个大家都知道的名人的语录，大家对你的所说，当然是特别的加以注意了。下面，就是用了名人的话来作为演说的开始的一个例子，题目是"事业的成功"，你看这是怎样的巧妙呢！

著名心理学家霍巴德说："全世界愿以金钱和荣誉的最优奖品去赠给一件事。"这件事是什么呢？它就是创造力。什么叫作创造力？我将告诉你，就是不必用人指示而能够做出确当的事情来……

　　这一个开头，有几处值得称赞的，一是引用名人之言，已经引起了大家的注意；二是这句话很奇突，大家在脑中不能不有一会儿的思索。如果演说者说了"只去赠给一件事"，便略略地停顿几秒钟，那更会使人有悬念，有着急急要你说出赠给谁的要求，那你便把人们的心抓住了；三是你设了一个问题，究竟送给谁？有和大家共同讨论的趋势，大家当然要来思索一下的；四是大家一时的思索，不能立刻有了答案，你就替大家说明是"创造力"，并且为创造力下了一个定义，听众听到这里，心中像是被熨斗熨过了一般的十分服帖。你再讲下去，他们是很容易接受的，而且对你的所讲，每一句都加以深切地注意了。所以，这也是开头的很好的方法之一。

　　使你所讲的题材，和听众有着十分密切的关系，这也是引起听众注意的方法之一。我们每一个人，都是十分关心自己的利益的。我们的生命、我们的名誉、我们的钱财，这都是我们最注意的。我们把一个问题，如果引到对我们的利益上着想，谁也要注意的。比方，在本书前面讲到的电影明星费伯莱和卓别林等，他们以练习演说为消遣，有一次费伯莱拿到了一个"灯罩"的题目，因为没有什么话可讲而窘住了。实在，这灯罩既和我们有关系，我们当然可以从一个人的利益方面去着眼。我们开始的时候，就可以讲到我们的眼睛有了毛病，每年假定请眼科医生诊治多少次，每次要花多少钱，每年一共要花多少？我们因为眼睛有病，工作方面当然要少做，请医生诊治当然要花费时间，每年耗费的光阴共有多少？这多少耗费去的光阴，等于是我们的寿命缩短了多少，因为我们少做工作，收入的金钱自然也少了。再加上给医生的诊金，这等于一年之中遭到一次盗劫，损失很多。我们为要弥补这个损失，所以对我们的眼睛应当特别的保护，保护眼睛，灯罩也是一种利器。于是讲到题目，可以借题发挥了。

　　用惊人的事实作为开始，这也是可以引人注意的。比如美国费城有一位保罗·吉本斯先生演说"犯罪行为"，开头就说：

　　美国人是世界上最坏的罪犯，这句话虽然极可惊异，但也确系事实。克里夫兰城的杀人犯竟比伦敦多六倍，窃犯按照人口的比例来计算又比伦敦多了一百七十倍。克里夫兰城内每年被抢或是被窃的人数，竟比英格兰、苏格兰和威尔士三处被抢的总数还要多。纽约城的凶杀案，竟多于整个的法国、意大利或是德国，这种可悲痛的事之所以弄成这样，原因就是对于罪犯不是严加处罚。

　　如果用偶然的事件作为演说的开头，那也是足以引人注意的。比方，讲述路中碰到的某一件事情，或是最近报纸上所载的一件事情，都是很好的。不过，你要注意，这是实事，并不是你杜撰或是虚构的。万一这不是实事的话，人家是一定不爱听的，并且对你以后所说的也是不会相信的。

三　总结要点

　　演说的结尾，也和开头一样的重要。在戏院中有一句老话，说是"从你的上场和下场的神气上，就可以知道你的本领了"。这句话虽然是对演员说的，但是，我们把它搬到演说家的身上，那也是十分恰当的。

　　我们的开头语要先行准备，可是结尾语我们也应该早早准备好的，因为，我们已经面对听众演说了，我们的全副精神，完全用在我们所讲的话上，那时再去临时思索应该怎样地结束，实在是没有工夫了。大演说家像韦勃斯脱等，他们都是把开头和结尾早早准备好了的，我们为什么不效法他们呢?

　　初学演说的人，他们的结束太突然，因此令人感觉到没有意味，仿佛你在观看电影，电力突然中断，不曾使你尽兴。实在，这突然的结束，并不是结束，乃是中止，等于电影映到中途而电力中断，我们决不能说电影是放映完了，这是一个样子的。这种的结束，极不自然，好像你在朋友家里，不曾说了一句告别的话，突然地跑了。我们觉得电影看到中途是不能尽兴的，在朋友家中不说一句告别的话而突然跑了是没有礼貌，那我们的演说，为什么不叫听众尽兴呢? 为什么不叫听众不会感觉到我们没有礼貌呢?

　　有的演说者，说到了中途，突然扯到了别的地方去开始乱讲了，讲到后来不知所云，于是停顿下来了。这就好像是一辆汽车突然有了毛病一样，经过了一阵狼狈的挣扎，终于不得不停止下来。要想挽救这一种惨败，没有别的方法，就是多多练习，准备纯熟，像一辆汽车一样地多备汽油。

还有一种人的演说，实在是他已经说完，不过不知道怎样去结束才好，于是把一句话翻来覆去地说了好几遍，说得听众讨厌起来，给听众留下了一个很不好的印象。这位演讲者像是擒牛而握住了两只牛角，心里想放手却办不到。于是不得不握住牛角来兜圈子了，兜来兜去，你是不会离开原地一步的。你早早地把结尾准备好，这正像擒牛而拉住了牛尾，你要放手，立刻就可以放手的。

一位演说家，即使在三五分钟的短时间内，他也可以讲了很宽广的范围。演讲的人，他是早已有了准备，所以开头和结束，条理井然，自己心里十分清楚。可是听众并不如此，说不定演讲者虽然仅仅讲了三五分钟，而他们的脑海里，早已模糊不清了。但是，演讲者很少能够明白这一点，所以他讲完之后，听众很少能够条理井然地了解。他们对你所讲的话，像是吹沾在衣服上的灰尘一样，有的沾着，有的是落去了。一位爱尔兰的著名政治家，曾替演说者制定了下列的方案：

（1）告诉他们，你将要告诉他们什么；

（2）把要告诉他们的告诉他们；

（3）告诉他们，你要告诉他们的已经告诉他们了。

这个方案并不坏，第三项便是很好的结束。

现在我再来举一个结束的例子：

某铁路公司的运输部主任，在公司董事的会议席上，建议设置火车经过路的防护棚栏，他在演说结束时说道："简单地说一下，诸位，从我们车厂中的防护棚栏的经验以及东、西、北各部各州铁道的检验，每年因出现危险事件的减少而节省的金钱数额，都使我们觉得本铁道公司也应当从速地设置。"

　　你听了这一个结束，即使对于他在前面所讲的毫不加以注意，你也可以彻底地明白他所讲的究竟是些什么了。这几句简单的话，正是一篇演说很好的结束。

　　演说的结尾，可以分作六种建议：

　　（1）简洁地总结一下你所说过的各要点；
　　（2）请听众照所说去实行；
　　（3）给听众一种诚恳的赞美语；
　　（4）引他们发笑；
　　（5）引一段恰当的诗文名句；
　　（6）阶升法。

　　在上面所说那位铁路运输主任的演说结尾，便是这里建议的（1）（2）两种。因为他不但把他前面所说的话简括地总结了一下，而且还希望听众把他的主张去实行。

　　钢铁大王的助手史可柏，他在纽约的本薛文尼亚协会的演讲的结尾是："我们的大本薛文尼亚王应该领导并促进新时代的降临，它是出产钢铁最多的区城，也是世界上最大的铁路公司之母，它的农产品占最富有的各州的第三位。它是我们商业机构的基石，再没有比它的前途远大，再没有比它的领补机会更绚丽的了。"

这便是前面所说的（3）的例子。

有人说过："当你说再见的时候，永远要使他们发笑。"如果你有能力这样做，并且有材料，那就好极了。但是，你怎样做呢？那就成了问题，应当每个人都按照他自己特有的方式去做，切不要故意地做作。因为故意地做作，这也是可以令人发笑的，但这种发笑，给人所留下的印象是不佳的，我们总得要以自然为主。

有一次，我听一位演说家讲述青年与惜时的问题，待到讲完的时候，他引用了古代名人岳飞《满江红》上的两句"莫等闲，白了少年头，空悲切"！讲着，引得听众深深地注意了。仿佛在模糊不清的时候，突然受到一种刺激而清醒了一般。这的确也是一个很好的方法。西洋的演说家，用此方法作为演讲的结束是很多的。我们也不必一定引用名人或是古人的诗文，就是自己做的也是好的，这也是一种新鲜有味的演说的结束。

有一种结束的方法叫作阶升法，这种方法，只要用得适当，那是很好的。这方法就是你的演说，在末尾的地方，意思一层比一层深，话语一句比一句重，一句比一句有力，一直上进，到达恰当的时候，便就止住。这样就使听众的内心一阵比一阵紧，听众的情绪一步比一步高，到达最高点的时候，听众完全是你的，你要叫他们怎样，他们便会怎样了。

比方，一个工厂的罢工，你平平淡淡的一场演说，工人们无可无不可的；你如果列举资本家压迫劳工的事实、劳工生活近况的事实，一阵比一阵地紧起来，一层比一层地高起来，听众的情绪，自然也跟着你的讲话而转变。末了一声的高喊，听众的热血竟会沸腾了起来的。反过来，一个已经罢工的团体，你要他们复工，你也可以列举罢工后工人生活近况的实情，一层层，一步步，累进地说着。说到后来，工人们自己知道资本家已有了教训，工人自己的生活已经无法维持，如果再要罢下去，势必自断生路，于是一致地毅然复工了。这都是用得到"阶升法"的地方。凡是要激起人家立刻照你的主张去做，这种阶升法是比较容易收到效果的。

四　适可而止

我国的旧小说，大都千篇一律，未来总是一个大团圆，因此，有许多人对之不满意。是的，这样的结束，叫读者没有回味的余地，有着一种一览无余的感觉，的确不是好的结束。《水浒传》的结束便不同了，做了一个梦，这梦究竟灵不灵呢？梦后的情形又怎样呢？让读者自己去回味了，因此大家都称赞这样的结束是好的结束。

西洋的小说，结尾的地方，大都是到了恰好的地方：如果你不说到这地方而完了，那就是中止，说到这地方而还要说下去，那便是画蛇添足。日本的菊池宽写过一出戏剧叫作《父归》，有人说，这位浪漫的父亲，到了年老而无法维持的时候突然地回家，还要搬出父亲的架子来，被他的大儿子严行痛责，责到那老头儿无话可说，所以后来也只好怏然地走了。本来，到这时候，已经到了适当的地方，可以结束了。然而菊池宽并未结束，而是停了片刻，由那位大儿子忽然转了念头重新去找那已经出走的父亲。有人批评这一笔未免是蛇足。不过，这也不能算是蛇足，因为他所表演的是一个人理智达到百尺竿头之后，目的是要使听众奋起。假使演讲的人，一个一个地讲着，讲到中间，已经有人把听众的情感引到了极点，以下的人本来是可以不必再讲的了。因为已经恰到好处了。然而，事实上往往并不是的，而且往往以后所讲的人，讲的情绪并不紧张，反而把先前紧张了的情绪松弛了，这也是常有的事。所以，一个团体的演讲，讲到恰好就当停止。一篇演说，说到恰好也当停止，当停不停，反而使前功尽弃了，这是非常可惜的。

你的演说，要使人家乐意来听，不要使人家感到受刑一样的痛苦，所以你不要说得时间太久，说到恰到好处的地方就应该结束了。如果你是照这样做的，以后人家见到你的演说是欢迎的。不然，见到演说节目单上有你的名字，人家就先已头痛，心里在想避开了。

五　结尾的几种常见问题

俗话说"编筐编篓，难在收口"。古人说："好的结尾，有如咀嚼干果，品尝香茗，令人回味无穷。"明人谢榛也有生动的比方："起句当如爆竹，骤响易彻；结句当如撞钟，清音有余。"如果用"良好的开头是成功的一半"来说明开场白的重要性，那么结尾的重要性可用"行百里者半九十"来形容。也有人用"豹尾"之结实来比喻，既精彩有力、含蓄深沉，又耐人寻味。演讲的结尾确实重要，它关乎整个演讲的成功与失败，也关乎听众对演讲者的看法及演讲者以后的命运。所以，有几种不妥当的结尾的方式是一定要避免的。

当断不断，节外生枝　上文中已有分析，这种做法破坏了演讲结构的严谨性，打乱了听众的思路，"该用句号的地方用的是分号"，拖拖拉拉。

客套话连篇，故作谦虚　客套话太多是虚伪，故作谦虚也是虚伪，均是矫揉造作，完全破坏了演讲内容的真实性，使听众难以相信。演讲者费了九牛二虎之力演讲内容，最后以虚伪、造作的态度否认了自己，真是以子之矛攻子之盾，听众带着嘲笑离你而去。

平淡　结尾时平平淡淡，既没有概括全文、发出号召、提出建议、立下誓言，也没有运用格言、幽默或提出问题，不知所云地就结束了。像一杯白开水，平平淡淡，在听众中引不起什么反响，出了门，也许就全忘了；像沙滩上的图画，水一冲就没有了。

松散　结尾逻辑性不强，观点不明确，语言不生动，松松垮垮，演讲者像泄了劲一样，软弱无力。这势必使听众也泄了劲，不再思考你的演讲，一哄而散，你的演讲没有留下什么印象。

演讲，没有一个好的结尾，注定是要失败的。

六　成功演讲的二十条黄金法则

1. 尽可能地收集有关的资料和信息。

2. 熟悉演讲场所的准确位置及能够利用的各种辅助设备。

3. 从主持人那里要一份演讲会议简介。

4. 三思后，再动笔写。

5. 动笔之前组织好讲稿的结构。

6. 以说话的语气写讲稿。

7. 给初稿计时，按规定时间改稿。

8. 使用好简单的工具，让它为听众服务。

9. 估计一下可能出现的问题。

10. 在一位好朋友面前预先演讲一遍。

11. 反复练习。

12. 准备一套自我放松的方法。

13. 穿适合自己的衣服。

14. 留有充分的时间赶到现场。

15. 开始之前检查一遍所有的装置。

16. 事先不要吃饭或喝酒。

17. 多带一份讲稿。

18. 走上台时，面带微笑。

19. 坚持用眼睛与听众交流。

20. 将演讲如生命一样地去表现。